물어보기 부끄러워 묻지 못한

사업자의
세금상식

물어보기 부끄러워 묻지 못한
사업자의 세금상식

초판 1쇄 발행 2024년 4월 22일
초판 3쇄 발행 2024년 10월 30일

지은이   이병권
펴낸이   이종두
펴낸곳   (주)새로운 제안

책임편집   엄진영
본문디자인   프롬디자인
표지디자인   프롬디자인
영업   문성빈, 김남권, 조용훈
경영지원   이정민, 김효선

주소   경기도 부천시 조마루로385번길 122 삼보테크노타워 2002호
홈페이지   www.jean.co.kr
쇼핑몰   www.baek2.kr(백두도서쇼핑몰)
SNS   인스타그램(@newjeanbook), 페이스북(@srwjean)
이메일   newjeanbook@naver.com
전화   032) 719-8041
팩스   032) 719-8042
등록   2005년 12월 22일 제386-3010000251002005000320호
ISBN   978-89-5533-653-5 (03320)

세금 기초용어부터 절세노하우까지
세무사도 알려주지 않는 세금상식 A to Z

물어보기 부끄러워 묻지 못한

사업자의 세금상식

이병권 지음

새로운 제안

☑ 법인사업자 100만 개, 개인사업자 800만 명 시대, 이제는 스마트한 사업자만 살아남는다

사람들은 대부분 사업을 쉽게 생각하는 경향이 있다. 다니던 직장을 그만두게 됐을 때 의례적으로 "사업을 한번 해볼까?"라고 생각한다. 직장에서 일할 수 있는 기간은 갈수록 짧아지는 반면에 수명이 길어지다보니 이제 사업은 선택이 아닌 필수가 되어버렸다. 경제 상황이 어려워도 어차피 창업할거라면 하루라도 빨리 하는 것이 낫다는 생각에 신규사업자는 나날이 증가한다. 그래서인지 사업은 이제 누구나 다 하는 보편적인 것이 된 느낌이다. 특히 청년실업이 심각한 요즘에는 20대 대학생의 60%가 취업보다 창업을 고민한다는 통계도 있다. 정부에서도 청년(18세~34세)창업을 장려하기 위해 5년간 소득세와 법인세를 면제해주고 있다.

하지만 사업의 본질은 내 소중한 돈과 시간을 위험에 투자하는 것이다. 신규사업자 못지 않게 매년 폐업하거나 청산하는 사업체도 많다. 그럼에도 불구하고 분명 도전해볼 만한 가치도 있다. 자신이 직접 운영하는 사업은 직장인의 근로와 달리 스스로 사업목표를 설정하고 이를 달성하는 과정에서 성취감도 얻을 수 있다. 게다가 해마다 매출이 증가하는 모습을 보면서 직장생활에서 느끼지 못했던 만족감까지 맛볼 수 있다. 다른 사람을 위한 매출이 아니라 오로지 자기 자신만을 위한 매출이기 때문이다.

성공적인 사업운영을 통해 이런 성취감을 맛보기 위해서는 많은 학습과 경험 등 충분한 준비과정이 필요하다. 주먹구구식이 아닌 스마트한 사업자가 돼야 한다. 지금은 남들이 이미 하고 있는 방식으로는 도저히 성공하기 어려운 경쟁사회이다. 아직까지 미처 생각하지 못한 새로운 사업아이템을 발굴하고 지속적인 혁신을 위해 노력해야 한다. 모든 성과의 뿌리는 간절함과 절박함이므로 이 또한 갖추어야 한다.

☑ 규모가 작더라도 사업은 경영이고, 대표는 경영자다

사업에서 가장 중요한 요소가 매출이다보니 많은 사업자들은 세금에 대해 "그 어렵고 복잡한 것을 굳이 알 필요가 있을까?"라고 생각하는 경우도 많다. 하지만 의사가 아니더라도 내 몸을 지키고 건강을 유지하기 위해서 기본 의학상식 정도는 알아야 하듯이, 사업체가 어떻게 운영되고 어떤 문제를 가지고 있는지 경영자가 모른다면 올바른 경영이 이루어질 수 없다.

세금은 사업성과에 대해 내는 것이고 성과계산을 위해서는 회계를 해야 한다. 따라서 세금을 관리하기 위해서는 회계숫자를 봐야 하며, 이를 통해 경영흐름도 읽을 수 있다. 사실 사업자에게 필요한 것은 세금관리와 절세의 디테일보다 사업의 방향을 설정하고 미래의 큰 그림을 그리는 일일지도 모른다. 아무리 규모가 작은 사업일지라도 사업운영은 곧 경영이기 때문이다.

세무전문가의 조력도 내가 어느 정도 알고 있을 때 효과가 커진다. 더구나 요즘 세무대리 시장은 치열한 수수료 경쟁으로 인해 저가 기장이 난무하는데 이로 인한 피해는 고스란히 납세자의 몫이다. 납세의 모든 책임은 세무대리인에게 있는 것이 아니라 납세자에게 있기 때문이다.

혹시라도 신고과정에서 누락이나 오류가 발생하거나 중요한 절세 포인트를 놓칠 경우 모든 피해는 납세자에게 돌아간다. 세무대리인이 아무리 신경써도 세금을 부담하는 당사자인 납세자만큼 고민하고 케어해줄 수 있을까? 최근 경정청구 시장이 커지는 것은 시사하는 바가 적지 않다. 절세가 선을 넘으면 탈세가 되는 것인데, 절세와 탈세의 경계에서 균형감각을 유지하면서 세무대리인의 공포

마케팅도 이겨내려면 우선 사업자인 나부터 제대로 알아야 한다.

☑ 사업자는 CEO와 CFO의 1인 2역을 소화해야 한다

사업성과인 이익은 영업과 관리의 결과물이다. 영업은 매출을 늘리는 것이고 관리는 비용을 줄이는 것인데, 두 가지가 같이 작동해야 성과가 나온다. 규모가 큰 기업은 이 두 가지 기능과 역할을 경영자들이 각각 분담하고 있지만 규모가 작은 사업체는 영업에만 치중할 수밖에 없다보니 세무, 노무, 채권, 재고관리 등 관리업무가 부실한 경우가 많다.

이 책을 통해 사업자와 예비창업자들이 세금이라는 관점에서 사업흐름을 이해하고 사업개선과 더불어 자기만의 절세포인트를 스스로 찾아낼 수 있는 안목을 갖추기를 기대하며 모든 사업자분들의 행운과 사업 번창을 기원한다.

저자 **이병권**

CHAPTER 2

사업초창기
매출이 적어 세금낼 게 별로 없어도 관리를 해야 한다

CHAPTER 4

사업번창기
많이 버는 만큼 많이 털리니 세금이 무섭고 절세가 아쉽다

CHAPTER 5 사업종료기
은퇴자금이 준비됐으면 재산이전을 고민하자

CHAPTER

1

사업준비기

시작하기 전에 철저히 준비해야 한다

무작정 사업부터
벌리면 안된다

☑ 사업성이 있는지 반드시 따져보고 시작하라

사업하기 전 가장 중요한 것은 어떤 사업을 할지, 즉, 업태와 종목을 정하는 일이다. **업태**란 사업의 형태로서 제조업, 도·소매업, 음식점업, 부동산업 등 사업의 큰 분류기준을 말한다. **종목**이란 좀 더 구체적으로 판매하는 서비스나 상품의 종류를 말하는데 이 둘을 합쳐서 흔히 **업종**이라고 표현한다. 우리나라 개인사업자의 80%를 차지하는 3대 업태는 도·소매업, 음식점업, 서비스업이며 그 안에 다양한 종목을 다루는 사업이 존재한다.

그런데 어떤 사업을 시작하든지 미리 점검해야 할 것이 사업성 검토다. 하지만 신규사업자의 대부분은 이런 검토없이 무작정 사업을 시작한 후, 계속 적자를 내다가 뒤늦게 사업성이 없음을 깨닫고 폐업하는 경우가 많다.

사업성 검토란 하고자 하는 사업이 경제적으로 타당성이 있는지를 미리 따져보는 것을 말한다. 사업의 목적은 돈을 벌기 위함인데, 사업을 해서 돈을 벌 수 있는지 따져보려면 판매하는 상품이나 서비스의 시장환경이나 고객수요 등을 체크해야 하는데, 그 중에서도 가장 중요한 것이 손익추정을 통한 채산성 분석이다. 개인사업의 경우 비용구조가 비교적 단순하기 때문에 분석은 그리 어렵지 않다.

사업체의 경비는 크게 고정비와 변동비로 구분된다. **고정비**란 매출과 상관없이 매월 일정하게 발생하는 비용으로서 인건비, 임차료, 감가상각비, 보험료, 전기수도요금 등의 비용을 말한다. 사업을 하기 전이라도 구상하는 사업체의 매월 고정비가 얼마일지 추정하는 것은 그리 어렵지 않다. 고정비가 아닌 비용을 **변동비**라고 하는데, 이는 매출에 비례해서 발생하는 비용이다. 음식점업의 식자재 매입비용이나 도·소매업의 상품매입비용, 숙박업의 세탁비용, 카드수수료, 가맹점수수료 등이 이에 해당한다. 사업성과, 즉 순이익은 매출이 이 두 가지 비용을 얼마나 충당할 수 있는지의 여부에 따라 결정된다.

두 가지 비용 중 더 위험한 비용은 고정비다. 대부분 사업실패의 원인은 변동비를 차감한 이익이 고정비를 충당하지 못해서인데, 고정비가 위험한 이유는 매출이 줄어들거나, 심지어 매출이 없어도 발생하기 때문이다. 따라서 이익을 내기 위해서는 매월 일정하게 발생하는 고정비를 충당하는 것이 관건인데, 고정비를 충당하려면 공헌이익이 많이 나와야 한다. **공헌이익**이란 매출액에서 변동비를 뺀 이익을 말한다. 아직 고정비를 차감하지 않았기 때문에 쉽게 1차 마진이라고 생각하면 된다.

예를 들어, 판매가격이 10만 원인 상품의 매입원가가 8만 원이라면 공헌이익은 2만 원이다. 매출이 10만 원일 때 변동비 8만 원을 차감하면 남는 이익이 2만 원이며 공헌이익률은 매출의 20%인 셈이다. 100만 원을 매출하면 판매가와 매입원가에 변동이 없는 한, 공헌이익률은 여전히 20%이므로 공헌이익은 20만 원으로 증가한다.

고정비를 충당하는 것은 공헌이익이기 때문에 공헌이익률은 반드시 높아야 한다. 만약 이 사업체의 고정비가 매월 1,000만 원이라면 이를 공헌이익률 20%로 나누었을 때 5,000만 원이 나오는데, 이 금액이 손해를 보지 않기 위해 달성해야 하는 매출액, 즉 **손익분기점**이다. 매출이 5,000만 원이면 변동비를 제외하고 1차 마진이 1,000만 원(매출액의 20%)인 셈인데, 정확히 고정비(1,000만 원)와 일치해서 손익이 제로(0)상태가 된다. 결국 매출이 손익분기점을 넘겨야만 영업이익이 나오게 된다.

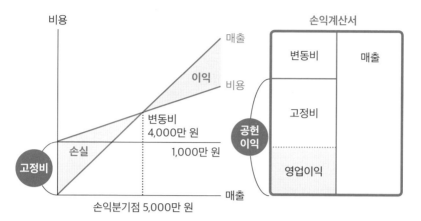

| 손익분기점이란? |

▲ 매출액에서 변동비를 차감한 것이 공헌이익이며 이를 통해 고정비를 회수하고 남은 금액이 영업이익이다. 손익분기점에서는 이익이 발생하지 않으므로 공헌이익으로 고정비만 충당할 수 있다. 5,000만 원 매출시 80%인 변동비 4,000만 원을 차감한 공헌이익은 1,000만 원인데 여기서 고정비 1,000만 원을 차감하면 영업이익은 제로(0)가 된다.

　　손익분기점이 높으면 웬만한 매출로는 영업이익을 내기 어렵다는 뜻이므로 이를 최대한 낮추어야 하며 손익분기점이 높은 사업은 그만큼 사업성이 떨어지는 것이다. 손익분기점을 낮추려면 공헌이익률, 즉 1차 마진율이 높거나 고정비가 적어야 한다.

　　구체적인 예를 들어보자. 출판 및 컨텐츠 제작업을 시작하려고 하는 A씨의 경우 사업장의 매월 고정비는 임차료 100만 원, 편집과 디자인 직원 1명의 급여 250만 원, 기타관리비용(편집장비와 비품 등에 대한 감가상각비 포함) 100만 원으로 예상하고 있다. 책을 제작하는 데 들어가는 인쇄와 제본비용은 책값의 20%, 서점수수료가 책값의

35%로 예상된다.

이 경우 손익분기점이 어느 정도인지 따져보자. 연간 고정비는 5,400만 원(= 450만 원 × 12개월)이고 매출에 비례해서 지출되는 변동비가 모두 55%이므로 공헌이익률은 45%이다. 이에 따라 손익분기점은 연간 고정비 5,400만 원을 공헌이익율 45%로 나눈 1억 2,000만 원이다. 1억 2,000만 원을 매출하면 변동비를 차감한 공헌이익이 5,400만 원인데, 이걸로 고정비를 충당하면 이익은 제로(0)가 된다.

| 손익분기점 계산법 |

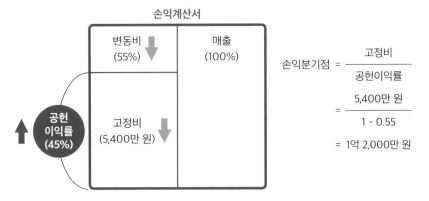

▲ 사업체의 연간 고정비 5,400만 원을 공헌이익률 45%(= 1 - 변동비율(0.55))로 나누면 손익분기점은 연매출 1억 2,000만 원으로 계산된다. 매출이 1억 2,000만 원일 경우 변동비 55%인 6,600만 원을 차감하면 공헌이익이 5,400만 원인데, 이 공헌이익으로 고정비를 지급하고 나면 이익은 제로(0)가 된다. 손익분기점을 낮추려면 사업을 시작하기 전에 분자의 고정비를 더 줄이거나 분모의 공헌이익률이 더 높은(즉, 변동비율이 더 낮은) 사업아이템을 선정해야 한다.

그런데 이 정도 매출에서는 자신이 가져갈 이익성과, 즉 본인의 인건비를 하나도 건지지 못하는 셈이다. 따라서 고정비에 사업자 자신의 인건비를 반드시 포함시켜야 한다. 개인사업자는 근로자가 아닌 사업주이므로 자신의 인건비를 회계상 비용으로 처리할 수 없다. 하지만 사업주도 자신의 인건비에 해당하는 만큼의 이익을 가져가야 하기 때문에 손익분기점을 따질 때는 이를 고정비에 포함시켜야 한다. 나아가 사업자금의 일부가 대출금이라면 이자비용도 고정비에 포함시켜야 한다.

만약 자신의 인건비, 즉 원하는 기대이익을 매월 300만 원, 연간 3,600만 원이라고 가정하면 이를 포함한 고정비는 9,000만 원이고 이를 공헌이익률 45%로 나누면 손익분기점은 2억 원에 이른다. 연간 2억 원을 매출해야 모든 비용을 차감하고 자신이 3,600만 원을 가져갈 수 있다는 뜻이다.

수요예측과 시장조사 결과 이 손익분기점이 1~2년 내로 달성하기 어려운 매출이라면 아예 시작하지 않는 것이 바람직하다. 그래도 사업을 시작하고자 한다면 고정비를 줄이고 시작해야 한다. 시작 단계에서 홈오피스로 시작하면 임차비용을 줄일 수 있다. 이런 업종은 군이 사무실을 임차하지 않아도 되는 업종이므로 사업장을 집으로 해도 사업자등록이 가능하다. 아울러 편집과 디자인 기능을 외주로 돌려 아웃소싱하는 방법도 있다. 만약 도서 제작보다 컨텐츠 제작에 들어가는 변동비가 더 적다면 장기적으로 영상제작 등 컨텐츠 위주의 매출을 도모하는 것도 방법이 될 수 있다.

편집과 디자인 기능을 아웃소싱하는 비용을 책값의 15%로 가정하고 임차료와 직원 인건비 등 고정비가 없는 상황에서 손익분기점을 다시 따져보자. 고정비가 없으므로 자신의 인건비, 즉 원하는 기대이익 3,600만 원을 공헌이익률 30%(고정비를 줄인 대신 아웃소싱에 따른 변동비율이 상승해서 공헌이익률이 그만큼 낮아졌다)로 나누면 1억 2,000만 원이 나온다. 연매출 1억 2,000만 원이면 모든 비용을 충당하고 자신이 3,600만 원의 이익을 가져갈 수 있다는 결론인데, 앞의 경우(2억 원)보다 60% 수준으로 훨씬 낮아진 것은 고정비를 대폭 줄였기 때문이다.

　손익분기점이 높을수록 이익을 달성하기 힘들기 때문에 손익분기점이 지나치게 높으면 그만큼 사업성이 떨어지는 셈이다. 손익분기점을 결정하는 변수는 고정비와 공헌이익률(1-변동비율)인데, 고정비를 최소화하고 가급적 공헌이익률이 높은 사업을 선택해야 한다. 만약 공헌이익률이 낮은 사업이라면 고정비를 최대한 줄여서 시작해야 하며, 이와 반대로 고정비가 많은 경우에는 공헌이익률이 높은 사업을 선택해야 한다. 공헌이익률이 낮은데 고정비마저 많다면 그 사업은 오래 지속하기 힘들다.

　업종마다 조금씩 차이는 있을지라도 큰 틀은 비슷하므로 이런 방식으로 미리 손익분기점을 따져보고 예상매출과 비교해보면 사업의 타당성 여부를 파악해볼 수 있다.

| 고정비가 많으면 변동비율이 낮아야 하고,
변동비율이 높으면 고정비가 적어야 한다 |

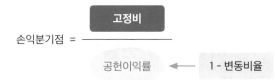

$$손익분기점 = \frac{고정비}{공헌이익률} \quad\longleftarrow\quad 1 - 변동비율$$

상황	고정비	변동비율	공헌이익률	손익분기점
①	1,000만 원	20%	80%	1,250만 원(매우 낮음)
②	1,000만 원	50%	50%	2,000만 원(비교적 낮음)
③	2,000만 원	20%	80%	2,500만 원(비교적 낮음)
④	2,000만 원	50%	50%	4,000만 원(매우 높음)

▲ 손익분기점이 높을수록 비용을 충당하기 어려우므로 손익분기점을 최대한 낮추어야 한다. 변동비율이 높아 공헌이익률이 낮다면 상대적으로 고정비는 적어야 하며, 고정비가 많다면 변동비율은 낮아서 공헌이익률이 높아야 사업을 계속 유지할 수 있다. ①은 고정비가 적고 변동비율이 낮아 손익분기점이 매우 낮은 반면, ④는 고정비가 많고 변동비율도 높아 손익분기점이 매우 높다. 한편, ②는 변동비율이 높지만 고정비가 적고, ③은 고정비가 많지만 변동비율이 낮아 비교적 손익분기점이 낮은 편이다.

02

사업자금 조달방법

☑ 사업자금으로 들어간 돈의 원가를 잊지 마라

사업을 위한 투자금, 즉 사업자금을 마련하는 방법은 크게 자기자금과 차입금이 있다. 자기자금은 본인이 모은 돈으로 사업하는 것이므로 이자비용이라는 고정비가 발생하지 않는다는 장점이 있다. 하지만 청년층 창업의 경우처럼 모아 둔 자기자금이 많지 않다면 사업자금을 전액 자기자금만으로 충당하기 어려운 경우가 있다.

이런 경우 공동사업을 통해 투자금 부담을 나누는 방법도 가능하다. 이른바 동업이라고 하는 방식이다. **공동사업**은 투자금 부담을 줄이고 이로 인해 사업실패의 위험을 분산시키며, 특히 미래 사업소득이 증가했을 때 소득세부담을 줄일 수 있는 등 긍정적인 면

이 있다. 하지만 사업이 진행되면서 사업운영방법 등에 관해 이견이 생기고 갈등이 유발되는 경우도 있기 때문에 공동사업자를 선정할 때는 사업파트너와의 신뢰관계를 고려해서 신중하게 결정해야한다.

자기자금이 부족하면 은행(요즘은 소상인을 위한 대출상품이 다양한데, 소상공인진흥공단 홈페이지(www.sibz.or.kr)에 들어가면 관련 정보를 얻을 수 있다)을 통해 사업자대출을 받는 것도 가능하지만 이자가 부담된다. 이자비용은 매월 일정하게 나가는 지출로서 임차료나 인건비와 같은 고정비에 속한다. 따라서 차입금을 사용하면 고정비가 추가되고 그에 따라 손익분기점도 더 상승한다는 점을 고려해야 한다.

그런데 자기자금도 비록 지출되는 이자는 없지만 자금의 원가가 똑같이 발생한다는 점에 유의해야 한다. 자기자금 2억 원으로 사업할 경우 2억 원은 절대 공짜로 쓰는 것이 아니다. 정기예금에 넣더라도 금리가 4%라면 연간 800만 원의 이자수익이 생기는 것인데, 자금을 사업에 투자하면 수익기회를 놓치게 되는데 이를 **기회비용**이라고 한다. 이런 경우 800만 원도 사업을 통해 회수해야 하는 비용인 셈이므로 고정비에 포함시켜야 한다.

다만, 차입금에 대한 이자비용은 사업관련 비용으로서 종합소득세나 법인세를 계산할 때 경비처리가 되므로 그만큼 세금부담을 낮출 수 있다. 법인세율은 9%라 그리 효과가 크지 않지만 종합소득세는 세율이 높기 때문에 그만큼 절세효과가 크다. 차입금의 이자를 사업경비로 인정받으려면 반드시 장부를 작성해야 하며 사업자금으로 사용된 것임을 입증하려면 가급적 사업개시 후 대출을 받는 것이 좋다.

| 사업자금의 원천과 자본비용 |

▲ 차입금이자와 자기자금의 기회비용 모두 고정비로서 사업이익을 통해 회수해야 하므로 이를 모두 고정비에 포함시켜야 한다.

종합소득이란?

매년 1월 1일부터 12월 31일까지 1년동안 개인이 벌어들인 이자, 배당, 사업, 근로, 기타, 연금소득을 합산한 소득으로 소득자는 다음해 5월중에 주소지 관할 세무서에 종합소득세를 신고하고 납부해야 한다. 종합소득세율은 소득의 크기에 따라 최저 6%에서 최고 45%에 달한다.

03

부모에게 받은 창업자금, 얼마까지 괜찮을까?

사업자금이 아예 없거나 부족할 경우 이를 차입하지 않고 부모로부터 지원받는 경우에는 증여세 문제가 대두될 수 있다. 초기투자금이 적은 사업체는 상관없지만 사업자등록을 할 때 사업체의 규모(출자금 액수, 임차사업장의 면적과 보증금 규모, 사업장설비와 장비금액 등)를 기재하는데, 그 금액이 클 경우 자금출처에 대한 소명요구를 받을 수 있다. 귀금속 도·소매업이나 유흥업 등 초기사업자본이 많이 들어가는 업종은 사업자등록시 자금출처명세서를 별도로 제출해야 하는 경우도 있다.

사업자 본인이 과거에 국세청에 소득신고된 소득활동을 했거나, 그렇지 않다고 하더라도 어차피 증여세법상 성인자녀의 경우

5,000만 원까지는 증여세가 면제되므로 이 금액 내외의 초기투자금이라면 신경쓸 필요는 없다. 업종마다 초기투자금의 규모는 다르지만 최근 조사결과에 따르면 평균 창업비용은 3억 원이라고 한다. 벌어놓은 소득이 없는 젊은 세대에게는 결코 만만치 않은 수준이다.

만약 초기투자금이 너무 많아 부모로부터 증여받는 경우에는 세법상 **창업자금에 대한 증여세 과세특례제도**를 활용하면 된다. 18세 이상의 성년자녀가 60세 이상인 부모로부터 창업자금으로 5억 원(50억 원까지도 가능한데, 5억 원을 초과하는 금액에 대해서는 10%의 증여세를 내야 한다)을 증여받더라도 증여세를 과세하지 않는 제도인데, 창업일(사업자등록일을 말한다)의 다음달 말일까지 창업자금의 사용내역을 기재한 창업자금사용명세서를 제출하면 된다.

창업자금에 대한 증여세 과세특례제도는 창업을 지원하기 위한 것이므로 증여일로부터 반드시 2년 이내에 창업해야 하고, 4년 이내에 받은 창업자금을 모두 사용해야 한다. 또한 최소한 10년간 사업을 유지해야 하며, 그 이전에 폐업하면 일반증여로 간주해 증여세를 추징한다. 창업할 수 있는 업종은 유흥업을 제외한 18개 업종이 가능하다.

오해하지 말아야 할 것은 창업자금에 대한 증여세 과세특례이지, 증여세면제가 아니라는 점이다. 즉 창업당시에는 5억 원까지 증여세를 면제하지만, 이후 증여자인 부모가 사망하면 증여했던 창업자금을 상속재산에 가산하므로 상속세를 내야 한다. 즉, 세금부담을 상속시점까지 연기시켜주는 셈이다. 그러나 사업리스크만 없다면 증여하지 않고 부모가 재산을 계속 보유했을 경우 재산가치가 불어나 상속시점에서 더 많은 상속세를 낼텐데, 증여 후 훗날 상속재산에 합산할 때는 사전증여한 원금만 가산되는 것이므로 재산에 여유가 있어서 상속세가 부담되는 경우라면 이를 활용할 만하다.

| 창업자금에 대한 증여세 과세특례와 상속세 합산과세 |

▲ 부모가 창업자금으로 증여한 5억 원에 대해서 증여세를 부과하지 않는 대신, 이후에 증여자인 부모가 사망할 경우 상속재산에 포함해 상속세를 부과한다.

04

부모에게 빌린 창업자금,
증여세없이 얼마까지 가능할까?

부모로부터 창업자금을 증여받는 대신 빌릴 수도 있다. 이런 경우 대부분 부모가 자녀에게 이자를 받지 않고 돈을 빌려주는데, 세법에서는 부모·자식간 금전거래시 주고받아야 할 이자를 연 4.6%로 정해두고 있다. 따라서 자녀가 부모로부터 무이자로 자금을 빌렸다면 4.6%로 계산된 이자상당액을 자녀가 증여받은 것으로 본다.

다만, 증여이익이 연간 1,000만 원을 초과하는 경우에만 과세한다. 예를 들어, 부모로부터 창업자금 2억 원을 무이자로 빌렸다면 증여이익은 920만 원(= 2억 원 × 4.6%)이지만, 1,000만 원 이내이므로 증여세를 부과하지 않는다. 이를 역산해보면 무이자로 대여한 금액이 2억 1,700만 원을 초과해야 증여세가 부과된다.

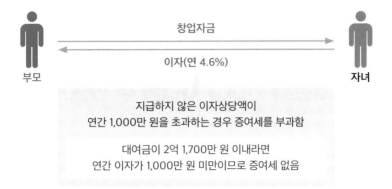

| 부모로부터 창업자금을 빌린 경우 증여세 부과기준 |

창업자금

이자(연 4.6%)

부모

자녀

지급하지 않은 이자상당액이
연간 1,000만 원을 초과하는 경우 증여세를 부과함

대여금이 2억 1,700만 원 이내라면
연간 이자가 1,000만 원 미만이므로 증여세 없음

그런데 자녀가 법인을 창업하고 그 법인에게 무이자로 빌려준 경우 법인은 증여세 과세대상이 아니므로 무이자로 빌려준 경우라도 문제가 되지 않는다. 단, 법인에게는 증여세가 부과되지 않지만, 이렇게 자녀가 주주로 있는 법인에 특수관계인인 부모가 자금을 대여할 경우 해당 법인이 받은 증여이익에 주주의 지분율을 곱한 금액을 주주가 증여받은 것으로 보고 증여세를 과세한다.

다만, 정상이자율 4.6%로 계산한 주주의 증여이익이 1억 원을 초과하는 경우에만 과세하는 것이므로 단독주주로서 지분율이 100%라고 하더라도 대여금액이 약 22억 원(= 1억 원 ÷ 4.6%)을 초과하는 경우에만 증여세가 부과된다. 그러나 어떤 경우이든 금전소비대차약정서(차용증)를 작성해서 금전을 대여한 사실과 대여조건, 상환기간 등을 확실히 해두는 것이 좋다.

부모가 갖고 있는 상가에서
임차료를 안내고 사업할 수 있을까?

사업자의 경우 매월 지출하는 비용 중 큰 부담이 임차료, 즉 월세다. 이 부담을 줄이기 위해 부모가 갖고 있는 부동산을 무상으로 사용하는 경우가 있는데, 이때에도 세금이 부과될 수 있으니 주의해야 한다.

우선 사업장이 부모와 같이 살고 있는 주택, 즉 홈오피스라면 전혀 문제가 없다. 그러나 상가인 경우에는 무상사용에 따른 이익을 자녀가 증여받은 것으로 보고 증여세를 부과할 수 있다.

이런 경우 세법에서는 무상사용에 따른 이익을 계산하기 위한 연간 정상임대료를 해당 부동산의 가격에 2%를 곱한 금액으로 계산하며 무상사용기간을 5년으로 본다. 즉, 5년간의 정상임대료 해당액을 무상사용에 따른 증여이익으로 보는데, 이를 10%로 할인한 현재가치를 증여금액으로 계산한다. 그리고 이 증여금액이 1억 원을 초과할 때 증여세를 부과한다.

예를 들어, 자녀가 사용하는 상가의 시가가 10억 원이면 연간 정상임대료는 2%를 곱한 2,000만 원이며, 5년치인 1억 원을 10%로 할인한 현재가치는 7,580만 원(=2,000만 원 × 3.79(5년간 매년 1원씩 지급하는 연금을 10%로 할인할 경우 현재가치계수))이다. 증여금액이 1억 원 이하이므로 증여세는 나오지 않는데, 이를 역으로 계산해보면 상가의 시가가 13억 1,800만 원을 초과하는 경우부터 증여세가 부과된다.

따라서 상가의 시가가 높지 않다면 증여세는 별 문제가 없지만 이와 별개로 상가 제공자인 부모에게 소득세와 부가가치세가 부과될 가능성이 높다. 특수관계인에게 자산을 시가보다 현저히 낮은 금액이나 무상으로 임대하는 경우 세법에서는 이를 **부당행위**라고 한다. 이런 경우에는 정상임대료를 받은 것으로 간주해서 제공자의 소득에 합산하여 종합소득세(법인인 경우는 법인세)를 매기고, 받지 않은 임대료에 대한 부가가치세도 부과한다.

한편, 사업자등록신청서에 사업장 임차상황을 적는 곳이 있는데, 여기에는 임차보증금과 월세를 기재하고 임대차계약서도 첨부해야 한다. 만약 부모소유의 부동산을 무상으로 사용하는 경우 이런 위험을 감안해서 매월 월세를 지급하는 계약서를 작성해 두는 것이 안전하다.

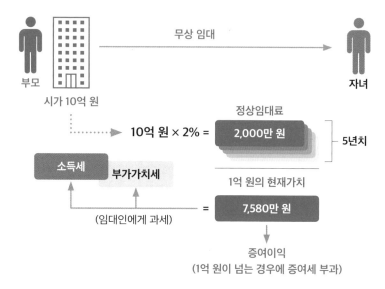

| 부모소유의 상가를 무상으로 사용하는 경우 세무이슈 |

무상 임대

부모

시가 10억 원

10억 원 × 2% =

정상임대료

2,000만 원

5년치

소득세 **부가가치세**

(임대인에게 과세)

1억 원의 현재가치

7,580만 원

=

자녀

증여이익
(1억 원이 넘는 경우에 증여세 부과)

▲ 무상사용에 따른 5년간의 임대료의 현재가치가 1억 원(임대상가의 시가가 13억 1,800만 원)이 넘는 경우 증여이익으로 보아 증여세를 부과한다. 또한 자녀에게 무상으로 상가를 제공한 임대인(부모)에게는 누락된 임대료에 대한 소득세와 부가가치세를 부과한다.

06

사업자등록, 개인과 법인 중에 어느 것이 더 좋을까?

☑ 사업자등록의 의미

사업자등록은 사람으로 치면 일종의 출생신고와 같다. 사업체의 탄생을 국세청에 신고하는 것이다. 이에 따라 국세청에서는 출생자에게 주민등록번호를 부여하는 것처럼 사업자등록번호를 주게 된다. 그리고 앞으로 모든 거래를 할 때 이 사업자번호로 거래하고 이를 통해 국세청에서도 해당 사업자의 소득을 파악하고 관리한다.

사업자등록은 세무서에 직접 가서 신청서를 작성해도 되고, **홈택스**HomeTax를 통해 신청할 수도 있다. 홈택스로 신청하는 경우에는 첨부 서류를 업로드해야 하므로 번거롭다면 직접 방문해서 하면 된다. 다만, 하고자 하는 사업이 음식점 등 구청의 인·허가를 받거나 출판업·미용업처럼 신고를 해야하는 사업일 경우에는 먼저 구청으로부디 인·허가서나 영업신고서를 받아서 같이 첨부해야 한다. 임대차계약서는 필수서류가 아니며 사업장을 임차한 경우에만 제출하면 된다.

신청서의 대부분 내용은 사업장현황에 관한 것인데, 업태와 종목을 기입하면 세무서에서 업종코드번호를 기재해준다. 업태란 사업의 형태로서 제조업, 도·소매업, 음식점업, 부동산업 등 사업의 큰 분류기준을 말한다. 종목이란 좀 더 구체적으로 판매하는 서비스나 상품의 종류를 말한다. 쉽게 말해 제조·판매하는 품목(안경, 의류, 화장품 등)이나 취급하는 음식의 종류(한식, 일식 등)라고 생각하면 된다.

업태와 종목, 즉 업종은 지금 당장 시작할 업종 외에 앞으로 시작할 가능성이 있는 사업까지 최대한 포함시키는 것이 좋다. 법인의 경우 업종을 정관에 표시하게 되는데, 나중에 업종을 추가할 경우 정관과 법인등기부를 변경하면서 추가비용이 발생하므로 사업을 처음 시작할 때 가능한 것들을 아예 다 넣는 것이 좋다. 창업중소기업으로 세액감면 등을 받고자 한다면 세법상 지원을 받을 수 있는 업종에 해당하는지 미리 확인하고 정하는 것이 좋다.

사업등록을 신청하면 2일 이내에 사업자등록증이 교부되는데, 법인일 경우 이를 토대로 법인통장도 개설하고 법인카드도 만들 수 있다.

■ 부가가치세법 시행규칙 [별지 제4호서식] <개정 2015.3.6.>

홈택스(www.hometax.go.kr)에서도
신청할 수 있습니다.

사업자등록 신청서(개인사업자용)
(법인이 아닌 단체의 고유번호 신청서)

※ 사업자등록의 신청 내용은 영구히 관리되며, 납세 성실도를 검증하는 기초자료로 활용됩니다.
  아래 해당 사항을 사실대로 작성하시기 바라며, 신청서에 본인이 자필로 서명해 주시기 바랍니다.
※ [ ]에는 해당되는 곳에 √표를 합니다.

(앞쪽)

접수번호	처리기간	3일(보정기간은 불산입)

1. 인적사항

상호(단체명)		전화번호	(사업장)
성명(대표자)			(자택)
			(휴대전화)
주민등록번호		FAX번호	
사업장(단체) 소재지			층 호

2. 사업장 현황

업 종	주업태	주종목	주생산 요소	주업종 코드	개업일	종업원 수
	부업태	부종목	부생산 요소	부업종 코드		

사이버몰 명칭		사이버몰 도메인	

사업장 구분	자가 면적	타가 면적	사업장을 빌려준 사람 (임 대 인)			임대차 명세		
			성 명 (법인명)	사업자 등록번호	주민(법인) 등록번호	임대차 계약기간	(전세) 보증금	월 세
	m²	m²				~ . . .	원	원

허가 등 사업 여부	[ ]신고 [ ]등록 [ ]허가 [ ]해당 없음	주류면허	면허번호	면허신청
				[ ]여 [ ]부

개별소비세 해당 여부	[ ]제조 [ ]판매 [ ]입장 [ ]유흥

사업자금 명세 (전세보증금 포함)	자기자금	원	타인자금	원

사업자 단위 과세 적용 신고 여부	[ ]여 [ ]부	간이과세 적용 신고 여부	[ ]여 [ ]부

전자우편주소		국세청이 제공하는 국세정보 수신동의 여부	[ ]동의함 [ ]동의하지 않음

그 밖의 신청사항	확정일자 신청 여부	공동사업자 신청 여부	사업장 외 송달장소 신청 여부	양도자의 사업자등록번호 (사업양수의 경우에만 해당함)
	[ ]여 [ ]부	[ ]여 [ ]부	[ ]여 [ ]부	

210mm×297mm[백상지 80g/㎡ 또는 중질지 80g/㎡]

☑ 개인과 법인, 어떤게 좋을까?

사업체의 형태에는 개인사업자와 법인사업자 두 가지가 있다. 법인이라고 하면 대부분 어느 정도 규모가 있는 주식회사를 상상하지만 사업규모와 사업형태는 아무 상관이 없다. 물론 사업규모가 커지면 법인으로 전환하는 경우도 있지만, 개인사업자처럼 작은 법인도 있고, 법인만큼 규모가 큰 개인사업자도 있는 것이 현실이다.

요즘 성행하는 1인 법인을 생각하면 분명해진다. 1인 법인이란 근로자 없이 대표 혼자 운영하는 사업체임에도 법인형태로 운영하는 것을 말한다. 이렇게 규모가 작은데도 불구하고 법인형태로 사업하는 것은 나름대로 이유가 있을 것이다. 개인사업자도 마찬가지다. 연 매출이 수십억 원인 개인사업자가 왜 법인전환을 하지 않는

1인 법인, 이런 점이 다르다

1인 법인은 규모면에서는 사실상 개인사업자와 같은 것인데도, 법인의 장점을 누리기 위해 법인형태로 사업하는 것이다. 따라서 세금관련된 모든 사항은 법인으로 취급받으므로 대표자의 급여는 물론 퇴직금도 경비로 처리할 수 있다. 급여에 대한 공적보험료도 본인의 국민연금보험료(60세 이상이면 제외)와 건강보험료만 내면 되고, 따로 고용하는 근로자가 없으므로 산재보험료나 고용보험료는 내지 않아도 된다. 다만, 고용하는 근로자가 없으므로 복리후생비를 경비로 처리하기 어렵다. 복리후생비란 고용한 직원들의 복지를 위해 사용하는 것이므로 대표자 본인의 식대 등을 법인카드로 결제하고 이를 복리후생비로 처리하면 안된다.

지, 그 이유는 각자의 생각과 밑그림이 다 다르기 때문이다.

사업을 시작할 때 먼저 결정해야 할 것이 사업형태, 즉 개인으로 할지 법인으로 할지 정하는 것이다. 우선 개인은 사업자등록절차가 간편하다. 그냥 상호를 정하고 사업장을 마련해서 사업자등록을 신청하면 사업자등록번호가 나온다. 개업뿐만 아니라 폐업절차도 간단해서 사업을 그만두고 싶으면 세무서에 폐업신고만 하면 끝난다.

그러나 법인은 그 절차가 개인보다 복잡하다. 그럼에도 불구하고 법인을 선택하는 가장 큰 이유는 세금 때문이다. 개인의 경우 사업소득은 종합소득이므로 매년 종합소득세를 내야 하는데, 처음에는 별로 부담이 없지만 사업이 잘돼서 소득이 증가하면 세율이 높아져서 종합소득세가 급증한다. 만약 과세표준이 2억 원이라면 적용되는 세율이 무려 38%이며 소득세의 10%인 지방소득세를 포함하면 41.8%에 달한다. 게다가 개인의 소득에 대해서는 건강보험료가 추가로 부과된다.

반면 법인의 경우 법인세율이 과세표준 2억 원까지는 9%이므로 차이가 엄청나다. 처음에는 개인으로 시작했다가 나중에 소득이 증가하면 그때 법인으로 바꾸는 방법도 가능하다. 하지만 법인으로 전환하려면 비용이 발생하므로 나중에 법인전환을 예상한다면 아예 처음부터 법인으로 시작하는 것이 좋다.

게다가 법인은 개인보다 거래상대방에게 더 호감을 줄 수 있어

사업하기가 수월하다. 명함에 "㈜대한민국 대표이사 박○○"로 보이는 것이 상대방에게 신뢰감을 더 심어줄 수 있다. 이를 바탕으로 대출 등 은행거래를 하거나 투자를 받는데도 훨씬 유리하다. 또한 법인의 경우 대표자도 근로자이므로 본인의 급여를 가져가고 이를 경비로 처리할 수 있고 나중에 퇴직금도 챙겨갈 수 있다.

하지만 법인이 장점만 있는 것은 아니다. 모든 일에는 항상 양면성이 있기 마련인데, 좋은 것이 있으면 나쁜 것도 있다.

첫째, 법인은 개인에 비해 훨씬 더 높은 수준의 회계 투명성이 요구된다. 복식부기에 의한 장부작성을 반드시 해야 하고, 이를 회계사무소에 맡길 경우 수수료도 개인사업자보다 좀 더 비싸다.

둘째, 세무상 규제도 강화되어 수입누락이나 가공경비를 계상하는 등 소득을 탈루한 사실이 적발되면 법인세를 추징당하고 추가로 2차 과세까지 당하는데, 이를 **소득처분**이라고 한다. 누락된 소득을 대표자가 가져간 것으로 보고(이를 상여처분이라고 한다) 이에 대해 대표자에게 근로소득세를 부과한다. 게다가 규모가 큰 법인은 주기적으로 세무조사도 받는다.

특히 국세청에서는 법인과 특수관계인(주주 또는 임원)과의 부당거래를 매우 주시하는데, 대표적인 것이 법인과의 금전거래다. 법인은 주주 및 대표와는 별개의 독립체이기 때문에 법인 돈을 함부로 인출하면 횡령이 성립하고, 빌려가더라도 세법에 정해진 정상이자(연리 4.6%)를 법인에게 지급해야 한다. 따라서 법인은 법인의 사업용 통장을 만들어 모든 사업관련 수입과 지출이 이 통장에서 이루어져야 한다.

이런 규제는 개인사업자에게는 전혀 적용되지 않는다. 개인사업자는 비록 세율이 높기는 하지만 세금을 내고 나면 사업자 통장의 돈이 모두 사업자의 것이다. 빼서 쓰든 빌려가든 아무 문제가 없는 셈인데, 법인은 그렇지 않다는 점에 유의해야 한다.

셋째, 법인의 자본인출에 상당한 제약이 따른다. 일단 등기된 자본금은 인출할 수 없으며 그대로 둬야 한다. 그 대신 매년 발생한 이익금누적액(이를 이익잉여금이라고 한다)으로 주주에게 배당금을 지급할 수 있는데, 이때 배당금을 받은 주주에게는 배당소득세가 과세된다. 주주가 신고하는 것이 아니라 지급하는 법인이 아예 세금을 떼고 지급해야 하는데, 이를 **원천징수**라고 한다. 이때 적용되는 세율은 14%(소득세의 10%인 지방소득세를 포함하면 15.4%)다.

예를 들어 주주인 대표에게 2,000만 원의 배당금을 지급한다면 배당소득세 308만 원(= 2,000만 원 × 15.4%)을 차감한 1,692만 원을 지급하게 된다. 이 경우 배당소득세를 원천징수했다고 하더라도 이자와 배당소득을 합산한 금융소득이 연간 2,000만 원(세전금액 기준)을 초과하면 종합소득에 합산되므로 다음해 5월에 종합소득을 신고할 때는 더 높은 세율이 적용되어 추가로 세금을 내야 한다.

넷째, 음식점이나 소매업, 서비스업처럼 일반 고객을 대상으로 하는 사업으로서 신용카드 등 전자적 결제수단에 의한 매출이 많은 사업은 개인이 유리할 수 있다. 부가가치세법에는 신용카드 등으로 매출한 금액의 1.3%를 부가가치세 납부세액에서 공제(연간 1,000만 원 한도)해 주는데, 이 경우 법인과 연간 매출액이 10억 원을 초과하는 개인사업자는 제외되기 때문이다.

마지막으로, 사업을 정리하는 과정이 개인보다 훨씬 복잡하다. 개인은 폐업신고로 간단하게 마무리되지만 법인은 해산 등기 후 청산절차를 거쳐야 한다. 청산이란 법인의 재산을 처분해서 부채를 갚고 남은 법인재산을 주주에게 나눠주는 것인데, 이 과정에서 주주가 당초에 투자한 금액보다 더 많은 금액을 받으면 이를 배당소득으로 보므로 세금을 내야 한다. 만약 청산을 하지 않고 법인을 양도한다면 지분양도시 발생한 양도차익에 대해서는 양도소득세를 내야 한다.

사업형태를 결정할 때는 이런 장·단점을 충분히 알고 결정해야 한다. 법인의 이런 단점에도 불구하고 법인을 선택하는 이유는 두 가지다.

첫째, 법인사업체를 계속 키워나갈 목적인 경우로서 이익을 매년 인출하지 않고 법인에 재투자하는 경우다. 재투자하기 위해서는 세금부담이 적어야 하므로 개인보다는 법인이 더 적합하다.

둘째, 법인의 소득이 많지 않은 경우 매년 이를 급여나 업무추진비 등 기타비용으로 대부분 소진시킬 경우다. 대표자 급여에 대해서는 근로소득세가 과세되지만 연봉이 아주 높지 않다면 큰 부담이 없으며 가족을 근로자로 고용할 경우 소득분산도 가능하다. 특히 법인소유의 부동산에서 임대소득이 발생하거나 금융자산(예금·주식)으로부터 이자·배당소득이 발생하는 경우 최종 법인세 과세표준이 2억 원 이하라면 원천징수당한 이자소득세와 배당소득세를 환급받을 수도 있다.

그러나 이런 목적과 상관없이 사업소득을 매년 인출해서 사업자 본인이 사용하려고 하거나 과세표준이 크지 않아 종합소득세 적용세율이 낮다면 개인이 더 나을 수도 있는데, 이는 사업자 각자 처한 상황과 구상하고 있는 미래 설계에 따라 결정하면 된다.

| 개인사업자와 법인사업자의 차이점 비교 |

구분	개인사업자	법인사업자
1. 복식부기 장부기장의무	매출액이 일정 규모 이상일 경우	모든 법인
2. 세무상규제(소득처분)	해당없음	해당
3. 자본인출	자유로움	배당으로만 가능
4. 소득세부담	세율이 높음	세율이 낮음
5. 대표자급여 비용처리	불가능	가능
6. 신용카드매출세액공제	매출액 × 1.3%(1,000만 원 한도)	불가능
7. 대외신뢰도	낮음	높음
8. 폐업절차	간단함	다소 복잡함
9. 과세유형	일반과세 또는 간이과세	일반과세
10. 과세대상	사업소득(금융소득 등 제외)	모든 소득
11. 금융소득종합과세	적용대상	적용안됨

▲ 금융소득이란 이자소득과 배당소득을 합한 것으로서 법인과 개인 모두 이를 받을 때 14%의 소득세를 원천징수당한다. 하지만 개인의 경우에는 그 금액이 연간 2,000만 원을 초과할 경우 근로나 사업 등 다른 종합소득에 합산하여 다시 소득세를 계산하는데, 이를 금융소득종합과세라고 한다. 종합소득에 합산하면 다른 소득으로 인해 원천징수세율보다 더 높은 세율을 적용받게 되므로 세금부담이 늘어난다. 그러나 법인의 경우 금융소득이 법인소득에 포함되어 법인세를 내는 것으로 마무리된다.

07

법인설립(등기)절차,
알고 보면 쉽다

☑ 법인설립절차

법인설립을 위해서는 가장 먼저 주주를 구성해야 한다. 주주는 법인의 주인이자 출자자로서 1인 법인도 가능하다. 그러나 대부분의 법인은 배당금 지급에 따른 배당소득을 분산하기 위해 가족이나 친분이 있는 다수의 사람으로 주주를 구성한다.

법인이 설립되기 전에 법인설립을 준비하는 예비주주를 **발기인**이라고 한다. 발기인들이 모여서 법인설립을 위한 모임을 갖고 그 내용을 토대로 발기인총회 의사록을 작성해야 하는데, 그 안에는 상호, 사업장주소, 사업목적, 자본금, 주주별 지분비율, 임원(자본금이 10억 원 미만이면 임원은 사내이사 1명 이상이면 되며, 감사도 필요없다) 등 법인정관과 주주명부에 기재할 내용이 포함돼야 한다.

법무사를 통해서 법인설립등기를 진행하면 편하기는 하지만 수수료비용이 발생한다. 요즘은 블로그 등에서도 셀프등기절차에 대해 상세하게 다루고 있어 법인등기를 직접 하는 경우도 많다. 설립등기에 필요한 서류는 다음과 같다.

- 설립등기신청서
- 정관
- 주주명부
- 발기인총회 의사록
- 예금잔고증명서(자본금상당액)
- 임원의 취임승낙서
- 법인인감

☑ 법인의 자본금은 얼마가 적당할까?

자본금이란 사업을 처음 시작할 때 법인통장에 넣는 초기투자금인데, 자본금을 얼마로 할지는 업종마다 다르다. 사업초기에 발생할 예상지출액을 법인통장에 넣어야 하는데 주로 임차보증금과 권리금, 인테리어비용, 사업초기 매출이 적을 경우에 대비한 3~4개월의 임차료와 인건비 등 운영자금으로 구성된다. 여기에 도·소매업은 상품매입비, 제조업은 원재료매입비 등이 추가된다. 자본금의 최소기준은 없기 때문에 나름대로 소요액을 추정해서 정하면 된다.

일단 들어간 자본금은 인출이 불가능해서(감자등기를 통해 인출하는 것은 가능하지만 비용이 발생한다) 장기간 묶이게 되므로 예상금액대로 전부 다 넣을 필요는 없다. 만약 나중에 부족할 경우에는 대표자가 법인에 빌려주는 형식(법인에서는 이를 가수금이라고 한다)으로 넣었다가 매출이 많이 나오면 그때 회수하는 것이 간편하다.

반대로 너무 적어서 나중에 증자를 해야 한다면 불필요한 비용(증자등기에 들어가는 수수료와 등록세 등)이 추가로 발생하므로 이를 따져보고 너무 적지도, 많지도 않은 적정 수준으로 정하면 된다.

한편, 개인사업자는 자본금이라는 표현 대신 **출자금**이라는 말을 많이 쓴다. 그 이유는 법인의 자본금과 달리 인출에 아무런 제약이 없기 때문이다. 재무제표상으로는 출자금뿐만 아니라 매년 벌어들인 이익금도 법인처럼 이익잉여금으로 따로 구분하지 않고 출자금에 합산하기 때문에 필요하면 언제든지 인출해서 사용할 수 있다.

하지만 사업자금과 개인자금이 섞이면 관리가 힘들기 때문에 사업통장과 개인통장을 분리해서 사용하는 것이 바람직하다. 만약 사업통장에 돈이 모자라서 돈을 추가로 넣었다면 반드시 이를 개인통장으로 회수해야 한다. 그렇지 않으면 사업에 돈이 얼마나 들어갔으며, 얼마나 벌었는지 알 수 없기 때문이다.

☑ 법인정관에 꼭 넣어야 할 것이 있다

법인정관에는 법인이 발행할 주식수와 1주당 금액, 발행주식수를 기재해야 하는데 인터넷에 나오는 표준정관양식에 맞추어 작성하면 된다. 여기서 중요한 것은 임원퇴직금으로 임원이 퇴사할 경우 퇴직금을 얼마나 줄지 정관에 미리 정해두어야 한다. 만약 정관에 미리 정해두지 않은 채 퇴직금을 지급하면 전액을 경비와 퇴직소득으로 인정받기 어렵다.

퇴직금은 받는 사람에게는 퇴직소득에 해당하는데 세법에서 근로소득과 달리 퇴직소득에 대해서는 세금을 매우 가볍게 매긴다. 각종 공제혜택이 많아서 세금이 적은데, 이는 퇴직금이 대부분 은퇴 이후 노후생활자금이기 때문이다. 일반적으로 실효세율을 3~4%로 생각하면 되는데, 예를 들어 퇴직금이 1억 원이라면 세금은 300~400만 원 내외라는 뜻이다. 이는 근로소득에 비하면 엄청나게 낮은 수준이다.

이렇다 보니 많은 법인대표들이 급여보다는 퇴직금을 많이 받는 것을 원하고 이에 따라 퇴직시 과도하게 퇴직금을 챙겨가는 것이 관행처럼 자리잡았다. 따라서 세법에서는 임원퇴직금을 무한정 인정하지 않고 주주들 합의하에 정관에 미리 정해둔 금액까지만 인정하되, 그 금액이 〈퇴직 전 3년간의 평균급여 × 1 / 10 × 재직연수〉의 2배수를 초과하지 못한다.

그러므로 위 금액이 임원이 가져갈 수 있는 퇴직금의 최대 상한선인 셈이다. 만약 15년간 근무한 대표의 퇴직전 3년간의 평균급여가 6,000만 원이라면 최대 1억 8,000만 원(= 6,000만 원 × 1 / 10 × 15년 × 2배)의 퇴직금을 가져갈 수 있다. 따라서 퇴직금 지급시 전액을 경비와 퇴직소득으로 인정받기 위해서는 정관에 이와 같은 임원퇴직금 지급기준을 반드시 명시해 두어야 한다.

08

과세사업자와 면세사업자, 무엇이 다를까?

☑ 어떤 사업이 면세사업인지?

모든 사업자가 필수적으로 내야 하는 세금이 부가가치세와 소득세다. 소득세는 사업으로 번 소득에 대해 내는 세금이므로 모든 사업자가 예외없이 내야 한다. 다만, 개인사업자는 종합소득세를, 법인사업자는 법인세를 낸다.

하지만 **부가가치세**Value Added Tax(보통 **VAT**로 표현한다)는 사업자를 과세사업자와 면세사업자로 나누는데, 면세사업자는 부가가치세를 내지 않아도 된다. 사업자가 과세사업자인지 면세사업자인지는 사업자등록을 할 때 정해진다.

부가가치세는 간접세로서 소득세와 달리 세금을 부담하는 사람과 납부하는 사람이 서로 다르다. 마트에서 50,000원짜리 물건을 사고 카드결제를 하면 카드전표에는 공급가액(물건 값) 45,455원과 부가가치세 4,545원으로 나누어 총 50,000원이 찍힌다. 이 경우 부가가치세 4,545원은 분명히 소비자인 내가 부담한 세금이지만, 세무서에는 사업자인 마트 사장님이 납부한다. 이와 달리 마트 사장님의 종합소득세는 직접세로서 본인통장에서 이체해 본인이 부담하고 납부하는 것이다.

부가가치세는 대표적인 간접세로서 거래할 때마다 구매자인 소비자가 부담하는 세금이다. 다만, 공급자(매출사업자)인 사업자가 상품이나 서비스요금에 붙여서 세금을 걷는 것인데 이를 **거래징수**(거래단계에서 징수한다는 뜻이다)라고 한다.

부가가치세는 결국 공급받는 구매자, 즉 소비자가 부담하는 세금이다보니 국민들이 필수적으로 꼭 소비해야 하는 품목에는 부가가치세를 면제해줄 필요가 있으며 이런 면세품목을 매출하는 사업자를 **면세사업자**라고 한다. 대표적인 면세품목은 다음과 같다.

- 교육비와 의료비(성형이나 애완동물 의료비는 제외)
- 금융서비스(이자나 보험료 등)
- 미가공 식품, 농·축·수산물
- 주택임대서비스

- 토지매매거래
- 국민주택규모(전용면적 85㎡)미만의 주택공급
- 시내버스, 지하철, 일반고속버스요금

대부분의 사업자는 위에 해당하지 않는 과세사업자다. 그런데 본인이 과세사업자인지 면세사업자인지는 사업자등록을 신청할 때, 신청서에 본인이 하고자 하는 업태와 종목을 기재하면 세무서에서 판단해준다. 단, 여기서 면세란 부가가치세를 면제해준다는 뜻이며 면세사업자라도 자신의 소득에 대한 종합소득세는 남들과 똑같이 내야 한다.

이와 달리 과세사업자는 사업개시 이후부터 발생한 모든 매출 금액에 대해 10%를 부가가치세(이를 **매출세액**이라고 한다)로 내야 하며 매출의 근거를 세금계산서발행이나 신용카드전표발행으로 남겨야 한다. 다만, 매출을 하기 위해서는 매입이 있어야 하는데, 부가가치세를 신고할때는 매출을 위해 사업자가 지출한 매입비용에 대해 사업자가 부담한 부가가치세(이를 **매입세액**이라고 한다)를 공제한 차액을 납부하게 된다. 즉, 매입은 매출을 위해 발생한 것이므로 매입세액을 매출세액에서 공제받는 것이다.

예를 들어, 매출세액이 500만 원이고 매입세액이 300만 원이라면 납부세액은 200만 원이 된다. 부가가치세율은 거래금액의 10%

이므로 이를 뒤집어 보면 매출액은 5,000만 원, 매입액은 3,000만 원으로서 사업자가 달성한 부가가치금액 2,000만 원의 10%를 부가가치세로 내는 셈이다.

그런데 면세사업자는 부가가치세를 내지 않는 사업자이므로 자기가 부담한 매입세액이 있다고 하더라도 이를 공제받지 못한다. 매출세액은 없는데 매입세액을 공제해주면 결국 매입세액을 그대로 환급해줘야 하는 문제가 있기 때문에 면세사업자는 아예 부가가치세 신고를 하지 않도록 되어 있다.

| 부가가치세 매출세액과 매입세액의 관계 |

구분	면세사업자	과세사업자
부가가치금액	0	2,000만 원
매출세액	0	500만 원
(-) 매입세액	(250만 원)	(300만 원)
납부세액	0 (환급×)	200만 원

▲ 과세사업자가 3,000만 원에 매입한 재화를 5,000만 원에 매출했다면 사업을 통해 2,000만 원의 부가가치(매출 - 매입)를 창출한 셈인데, 이에 대한 10%의 세금(200만 원)이 부가가치세다. 단, 매출시 별도로 받은 500만 원의 매출세액에서 매입시 부담한 매입세액 300만 원을 차감해서 납부한다. 한편, 면세사업자는 2,500만 원의 매입으로 3,000만 원을 매출했지만. 매출세액이 없으므로 매입에 따른 250만 원의 매입세액을 공제(환급)받지 못한다.

☑ 과세사업과 면세사업을 같이 하는 경우도 있다

농산물이나 수산물 등 미가공식품은 대표적인 면세품목이다. 수확물을 가공하지 않고 그대로 파는 것이므로 새로 창출한 부가가치가 없기 때문이다. 그런데 제조업으로 분류되는 반찬가게는 배추나 무 등 가공되지 않은 농산물을 가공해서 반찬으로 만들어 파는 사업이므로 과세사업자에 해당하며 이런 형태는 음식점도 마찬가지다. 하지만 식자재인 농산물은 면세에 해당한다. 이렇게 면세로 매입한 농산물 등을 가공해서 과세되는 매출을 발생시키는 사업체(음식점 등)는 공제받을 매입세액이 거의 없어 부가가치세가 큰 부담이 된다. 이런 경우 세법에서는 매입액의 일정비율을 그냥 공제해주는데 이를 **의제매입세액공제**라고 한다.

꽃가게의 경우 생화처럼 가공하지 않고 그대로 판매하는 것은 면세지만, 조화나 수입생화는 과세품목이다. 이렇게 사업내용에 과세사업과 면세사업이 섞여 있는 경우를 **겸영사업**이라고 한다.

겸영사업자인 경우 과세사업용으로 매입한 것은 매입세액공제가 가능하지만, 면세사업용으로 매입한 것은 매입세액공제가 불가능하다. 따라서 매입비용을 성격별로 나누어 공제와 불공제로 구분해야 하는데, 임차료처럼 이를 구분하기 어려운 것(이를 **공통매입세액**이라고 한다)은 부가가치세 신고시 과세매출과 면세매출금액 비례로 안분하여 공제받게 된다.

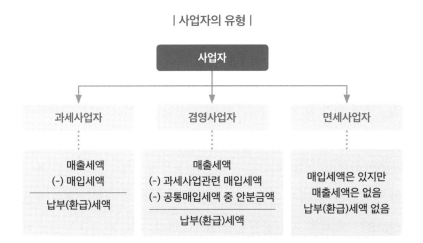

| 사업자의 유형 |

만약 이런 경우 면세사업자로 등록하면 매출에 대한 부가가치세를 내지 않아 좋겠지만, 공통매입세액을 전혀 공제받지 못하므로 어느 것이 더 유리할지 각자의 상황에 따라 판단하고 결정해야 한다.

☑ 면세사업자는 부가가치세 신고없이
수입금액만 신고하면 된다

면세사업자는 매출할 때 부가가치세를 받지 않기 때문에 세무서에 내야 할 부가가치세가 없다. 따라서 부가가치세 신고를 아예 하지 않고 1년에 한 번 소득세만 신고하면 되기 때문에 세무신고가 매우 간단하다.

사업소득세는 사업자의 연간 **수입금액**에서 **필요경비**를 차감한

소득금액을 기준으로 내는 것인데, 연간 수입금액은 부가가치세 신고를 통해 국세청에 드러난다. 부가가치세 신고서에는 해당 과세기간동안의 매출과 매입이 전부 표시되기 때문에 신고서에 기재된 수입금액의 연간 합계가 사업자의 연간 수입금액이다. 이 수입금액에서 필요경비를 차감한 것이 사업소득이 된다. 그런데 면세사업자는 부가가치세 신고를 하지 않기 때문에 국세청에서 수입금액을 파악하기 어렵다. 그래서 매년 2월 10일까지 전년도의 수입금액만 따로 신고하는데, 이를 **사업장현황신고**라고 한다. 이때 신고한 수입금액이 5월에 신고할 사업소득의 수입금액이 된다. 이 경우 계산서와 신용카드전표 발행금액 그리고 현금영수증 발행분은 이미 국세청 전산에 잡혀있기 때문에 빠짐없이 포함시켜야 한다.

또한 면세사업자는 부가가치세를 받지 않기 때문에 세금계산서 대신 계산서를 발행한다. 계산서는 부가가치세만 없을 뿐, 형식은 세금계산서와 동일하다. 요즘은 세금계산서나 계산서 모두 손으로 작성(이를 수기세금계산서라고 한다)하지 않는다. 개인사업자라고 하더라도 직전연도의 매출액이 8,000만 원을 넘는 경우에는 반드시 국세청 홈택스에서 전자(세금)계산서를 발행해야 한다.

그런데 면세사업자의 가장 큰 고민은 매입세액이다. 내야 할 매출세액이 없기 때문에 매입세액을 부담한 금액이 있더라도 이를 공제받을 수 없으며 환급도 안된다. 결국 매입시 부담한 매입세액을 모두 자신이 부담해야 한다. 말이 사업자일 뿐, 일반 근로자처럼 돈을 쓰면서 부담한 부가가치세를 전부 본인이 떠안는 셈이다. 다만,

근로자와 달리 사업자로서 회계를 해야 하므로 이 경우 부담한 부가가치세가 비용지출에 관련된 것이라면 해당 비용으로, 자산취득에 관련된 것이라면 해당 자산에 포함시켜서 처리해야 한다.

| 면세사업자의 매입세액 처리 방법 |

비품 공급가액	90만 원
부가가치세	9만 원
	99만 원
자산	

차량유지비	50만 원
부가가치세	5만 원
	55만 원
비용	

▲ 면세사업자는 부가가치세신고를 하지 않으므로 모든 지출거래시 자산 또는 비용을 부가가치세를 포함한 금액으로 회계처리하면 된다.

 잠깐! ✓

매입과 매입세액이란?

매입을 상품이나 원재료 등 재고매입으로 혼동하면 안 된다. 사업을 위해 지출한 일체의 것을 모두 매입이라고 생각하면 된다. 재고매입은 물론 각종 서비스비용지출(임차료, 복리후생비, 통신비, 차량유지비 등)과 같이 사업체가 지출한 일체의 비용과 자산취득이 모두 매입에 해당하며 이에 대해 부담한 10%의 부가가치세가 매입세액이다. 단, 인건비나 감가상각비, 이자비용, 세금 등은 매입에 해당하지 않으며 지출시에 매입세액이 발생하지도 않는다. 매입세액은 부가가치세 신고시 납부세액을 계산할 때 자신이 받은 매출세액에서 공제된다. 예를 들어 매출세액이 300만 원이고 매입세액이 100만 원이라면 200만 원을 납부하는 것이다. 따라서 회계적으로 매출세액은 내야 할 부채(부가가치세 예수금)인 반면, 매입세액은 자산(부가가치세 대급금)에 해당하며 부가가치세 신고·납부시 모두 장부에서 소멸된다.

홈택스(www.hometax.go.kr)에서도 신청할 수 있습니다.

사 업 장 현 황 신 고 서

※ 뒤쪽의 작성방법을 읽고 작성하시기 바라며, [ ]에는 해당되는 곳에 √표를 합니다. (앞쪽)

| 관리번호 | | | | | | | 처리기간 즉시 | |

과세기간	년 월 일 ~ 년 월 일					

사업자	상호		사업자등록번호		공동사업 [ ]여 [ ]부
	성명		주민등록번호		
	사업장 소재지			전화번호	
	전화번호		휴대전화	전자우편주소	

① 수입금액(매출액) 명세

(단위: 원)

	업 태	종 목	업종코드	합 계	수입금액	수입금액 제외
(1)						
(2)						
(3)						
(4)						
(5)						
	합 계					

② 수입금액(매출액) 구성 명세

(단위: 원)

합 계	계산서발행금액		계산서발행금액 이외 매출		
	계산서 발급분	매입자발행 계산서	신용카드 매출	현금영수증 매출	기타 매출

③ 적격증명(계산서 · 세금계산서 · 신용카드) 수취금액

(단위: 원)

합 계	매입 계산서			매입 세금계산서			신용카드 · 현금영수증 매입금액
	계산서 수취분		매입자발행 계산서	세금계산서 수취분		매입자발행 세금계산서	
	전자 계산서	전자 계산서 외		전자 세금계산서	전자 세금계산서 외		

④ 폐 업 신 고

폐업연월일	. .	폐업사유	

첨부서류(해당 내용 표기)

매출처별계산서합계표
□ 전자신고 □ 전산매체
□ 서면 □ 해당 없음

매입처별계산서합계표
□ 전자신고 □ 전산매체
□ 서면 □ 해당 없음

매입자발행계산서합계표
□ 전자신고
□ 서면 □ 해당 없음

매입처별세금계산서합계표
□ 전자신고 □ 전산매체
□ 서면 □ 해당 없음

매입자발행세금계산서합계표
□ 전자신고
□ 서면 □ 해당 없음

수입금액검토표 □

신고인은 「소득세법」 제78조 및 같은 법 시행령 제141조에 따라 신고하며, 위 내용을 충분히 검토하였고 신고인이 알고 있는 사실 그대로를 정확하게 작성하였음을 확인합니다.

년 월 일

신고인: (서명 또는 인)

세무대리인은 조세전문자격자로서 위 신고서를 성실하고 공정하게 작성하였음을 확인합니다.

세무대리인: (서명 또는 인)

세무서장 귀하

세무대리인	성 명		사업자등록번호		전화번호	

210mm×297mm[백상지 80g/㎡ 또는 중질지 80g/㎡]

09

간이과세자로 등록하면
부가가치세 부담이 줄어든다

☑ 일반과세와 간이과세, 어느 것이 더 유리할까?

일반소비자를 대상으로 하는 매출규모가 작은 영세한 사업자(조그만 식당이나 소매점)들은 거래할 때마다 세금계산서를 발행할 수 없으므로 음식과 서비스값에 부가가치세를 별도로 받기 어렵다. 따라서 고객으로부터 받은 금액에 부가가치세가 포함된 것이므로 그 중 90.9%(= 100% ÷ 110%)를 제외한 9.1%(= 10% ÷ 110%)를 부가가치세로 내야 한다. 월 매출이 300만 원이면 약 27만 원이 부가가치세로 나가는 셈이다. 그래서 매출이 적은 사업자는 부가가치세 부담을 줄여주기 위해 간이과세자로 분류하는데, **간이과세자**는 연간 매출액이 1억 400만 원(부동산임대업은 4,800만 원) 미만인 개인사업자를 말한다.

간이과세자는 부가가치세 부담을 줄여주기 위해 납부세액을 일반과세자와는 다르게 계산한다. 일반과세자는 **공급가액**(매출액)의 10%를 부가가치세로 내는데 비해 간이과세자는 10%에 업종별로 정해진 부가가치율을 곱한 만큼만 낸다는 점에서 일반과세자보다 세금부담이 적다.

단, 법인과 제조업·건설업이나 도매업 및 부동산임대업(건물면적이 일정기준을 초과하는 경우)을 하는 개인사업자는 간이과세자가 될 수 없다. 이들 업종은 특성상 매출처가 사업자일 가능성이 높기 때문에 거래할 때마다 세금계산서를 발행해야 한다. 그러나 제조업이라도 반찬가게처럼 매출의 대부분이 세금계산서를 발행할 수 없는 일반소비자를 대상으로 발생하는 경우에는 간이과세자가 될 수 있다.

이러한 간이과세자 중 직전연도 **공급대가**(매출액)가 4,800만 원 미만인 사업자는 기본적으로 세금계산서를 발행할 의무가 없다. 그러나 연 매출이 4,800만 원 이상인 간이과세자는 필요하다면 세금계산서를 발행할 수 있으며, 매입을 하고 상대방으로부터 매입세금

 공급가액과 공급대가의 차이

일반과세자로서 세금계산서를 주고받는 경우 부가가치세를 제외한 상품이나 서비스의 가격을 공급가액이라고 한다. 공급가액이 100만 원이라면 여기에 부가가치세(10%)가 추가돼서 110만 원을 주고받는데, 이 경우 부가가치세가 포함된 110만 원을 공급대가라고 한다. 간이과세자는 부가가치세를 별도로 받지 않으므로 매출금액이 부가가치세가 포함된 공급대가에 해당한다.

계산서나 신용카드매출전표를 받으면 매입액(공급대가)의 0.5%를 공제받을 수 있다. 매출세액 계산시 처음부터 부가가치에 해당하는 금액의 10%를 과세했기 때문에 엄밀히는 매입세액공제를 안 해주는 것이 맞지만 매입액의 0.5%(매입액의 10%인 매입세액을 기준으로 하면 5.5%다)를 공제해주는 것이다.

- **일반과세자의 부가가치세 납부세액**

  = 매출세액 - 매입세액

- **간이과세자의 부가가치세 납부세액**

  = (매출액 × 10% × 업종별 부가가치율) - 세금계산서제출 세액공제

  (매입액 × 0.5%)

예를 들어 소매업을 하는 어떤 개인사업자가 1년에 4,000만 원을 매입해서 6,000만 원을 매출했을 때 각각의 경우에 부가가치세는 다음과 같이 계산된다. 세법에서 정한 소매업의 부가가치율은 15%다.

- **일반과세자인 경우**

  (6,000만 원 × 10%) - (4,000만 원 × 10%) = 200만 원

- **간이과세자인 경우**

  (6,000만 원 × 10% × 15%) - (4,000만 원 × 0.5%) = 70만 원

앞에서 살펴본대로 소매업의 경우 업종별 부가가치율이 15%이므로 결국 매출액의 1.5%(= 10% × 15%)만 부가가치세를 내는 셈이다. 게다가 신용카드매출액의 1.3%에 해당하는 세액공제를 차감하면 부가가치세 부담이 상당히 줄어든다. 위 사업자의 경우 매출액 6,000만 원 중 5,000만 원이 신용카드 매출분이라면 1.3%인 65만 원을 추가로 세액공제받게 되므로 내야 할 부가가치세는 일반과세자인 경우 135만 원, 간이과세자인 경우 5만 원으로 줄어든다.

이처럼 세금부담면에서는 간이과세가 훨씬 더 유리하지만, 간이과세자는 사업규모가 작은데다 연매출이 4,800만 원 미만인 경우에는 세금계산서를 발행하지 못하므로 상대방이 증빙을 받지 못해 거래를 기피할 수도 있다.

더욱 중요한 것은 매입세액이 매출세액을 초과해도 일반과세자와는 달리 그 차액을 환급받지 못한다는 점이다. 다시 말해 간이과세자에게는 부가가치세 환급이 아예 없다. 그래서 간이과세 대상이라도 일반과세자로 등록할 수 있는데, 이런 경우에는 간이과세 포기신청서를 제출하면 된다.

사업자등록을 할 때는 과세유형을 판단할 수 있는 매출자료가 없으므로 창업할 때는 사업자가 원하면 간이과세를 적용받을 수 있다. 하지만 사업개시 이후 매출액이 1억 400만 원 이상이면 일반과세자로 변경되는데, 사업자가 스스로 신고하지 않아도 세무서에서 통지가 온다.

예를 들어 올해 매출액이 1억 400만 원을 넘으면 내년 6월 말까지는 간이과세가 유지되지만, 내년 7월 1일부터(20일 전에 변경통지가 온다) 일반과세자로 바뀌게 된다.

| 일반과세자와 간이과세자의 차이점 비교 |

구분	일반과세자	간이과세자
1. 대상	연간 매출액 ≧ 1억 400만 원	연간 매출액 < 1억 400만 원
2. 부가가치세율	10%	업종별부가율 × 10%
3. 부가가치세 징수의무	별도로 징수	징수의무 없음
4. 세금계산서 발행의무	발행 (소비자대상업종은 제외)	매출액이 4,800만 원 이상인 경우에는 발행가능
5. 납부세액	매출세액 - 매입세액	매출액 × 업종별부가율 × 10% - (매입세금계산서의 매입금액 × 0.5%)
6. 매입세액공제	매입세액을 전액 공제	세금계산서를 받은 경우 매입액의 0.5%를 공제
7. 납부의무면제	없음	연간 매출액이 4,800만 원 미만인 경우 면제

☑ 세금계산서를 주고 받는 이유

부가가치세를 내는 사업자가 과세사업자인데, 과세사업자가 다시 일반과세자와 간이과세자로 나누어지는 것을 알았다. 국세청통계에 따르면 현재 법인을 포함한 전체 사업자 900만여 개 중 과세사업자의 62%가 일반과세자이고 21%가 간이과세자 그리고 나머지 17%가 면세사업자다. 일반과세자는 매출할 때 거래징수한 매출세액(매출금액의 10%)에서 본인이 매입할 때 징수당한 매입세액(매입금액의 10%)을 차감한 금액을 납부한다. 그러므로 부가가치세를 빠짐없이 내게 하려면 거래사실이 전부 드러나야 하는데, 이를 위해서 일반과세자들이 매출·매입시마다 서로 주고받는 것이 세금계산서다.

세금계산서에는 공급하는 사업자와 공급받는 사업자의 상호와 사업자등록번호가 모두 기재되고 거래일자, 공급가액 및 부가가치세가 기재된다. 한마디로 누가, 언제, 누구에게 얼마를 매출하고 매입했는지 모두 드러난다. 따라서 매출사실을 숨기거나 받은 부가가치세를 안 낼 수가 없는 셈이다.

결국 세금계산서를 주고받지 않고 거래하는 것은 매출·매입을 은폐하는 것이며 부가가치세를 안 내는 것뿐만 아니라 공급자의 사업소득까지도 누락하는 것이다. 따라서 일반과세자가 세금계산서를 발행하지 않고 거래한 것이 적발되면 불성실사업자로 낙인찍혀 세무조사 등 불이익을 받는다.

세금계산서의 투명한 발행을 위해 지금은 웬만한 규모의 사업체라면 전자세금계산서를 발행해야 한다. **전자세금계산서**는 국세청 홈택스에서 발행하는 것으로 작성 후 전송하면 상대방 거래처와 국세청으로 동시에 전송된다.

거래처정보(사업자등록번호, 주소, 업태와 종목 등)는 처음에 한 번만 입력하면 자동저장되므로 다음에 동일한 거래처에 발행할 때는 일일이 입력할 필요없이 거래처조회를 통해 불러오면 된다. 따라서 날짜와 금액만 입력해서 전송하면 되므로 수기로 작성하는 것보다 훨씬 간편하다. 이렇게 전자로 발행하면 부가가치세 신고시에는 과세기간동안 발급하고 발급받은 전자세금계산서를 불러오기만 하면 되므로 부가가치세 신고가 한결 수월하다.

현재 모든 법인은 의무적으로 전자세금계산서를 발급해야 하며, 개인사업자는 직전연도의 사업장별 공급가액이 8,000만 원 이상인 경우 다음 해 2기 과세기간부터 그 다음 해 1기 과세기간까지 수기 세금계산서 대신 전자세금계산서를 의무적으로 발행해야 한다.

☑ 전자세금계산서 입력방법

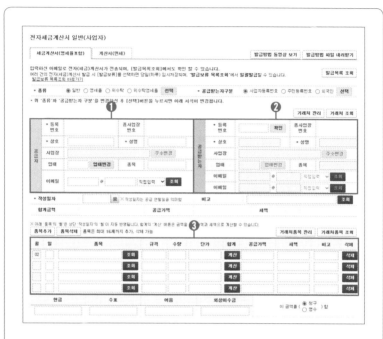

❶ 본인의 상호, 사업자등록번호를 포함한 사업장 내용을 입력한다. 이때 발행한 전자세금계산서를 받을 이메일주소를 반드시 입력한다.

❷ 상대방으로부터 받은 사업자등록증 사본(카카오톡 등으로 전송받으면 된다)을 통해 ❶의 경우처럼 입력한다. 이때에도 상대방의 이메일 주소를 반드시 입력해야 한다.

❸ 공급일자와 수량·단가를 입력하면 공급가액과 부가가치세가 자동으로 기재된다. 확인한 이후 전송하면 국세청과 공급자 및 공급받는자의 이메일로 각각 전송된다. 부가가치세 신고시에는 홈택스 신고메뉴에서 세금계산서 불러오기를 하면 전자로 발행하거나 발행받은 세금계산서의 금액으로 납부세액이 자동으로 계산된다.

간이에서 일반으로 바뀌면 세금을 돌려받아야 한다

☑ 재고매입세액은 신청해야 돌려 받는다

법인은 항상 일반과세자이지만 개인사업자는 매출규모에 따라 일반과세자 또는 간이과세자가 된다. 그런데 사업자의 매출은 해마다 변동하므로 이에 따라 간이과세자가 연간 매출이 1억 400만 원을 넘어가면 그때부터는 더 이상 간이과세적용을 받을 수 없다. 이를 **과세유형의 변경**이라고 하는데 매년 7월 1일을 기준으로 변경되는 것이므로 그 이전에 국세청에서 사업자에게 그 사실을 통보한다.

간이에서 일반으로 과세유형이 변경되면 이후부터는 매출할 때마다 세금계산서를 발행해야 하고 매입세액도 전액 공제받게 된다. 그런데 이때 반드시 챙겨야 하는 것이 재고매입세액공제다. 간이과세자가 과세유형 변경 시점에서 가지고 있는 재고는 매입당시에 매입금액의 0.5%만 공제받은 것이다. 그럼에도 불구하고 일반과세자로 바뀐 다음부터는 가지고 있던 재고를 매출하면 10%의 부가가치세를 내야 하므로 형평성에 어긋나는 상황이 발생한다.

따라서 변경 시점에서 보유하고 있는 재고에 대해서는 과거에 공제받지 못한 매입세액을 추가로 공제받을 수 있는데 이를 **재고매입세액**이라고 한다. 예를 들어, 간이에서 일반으로 과세유형이 변경된 시점에서 상품재고가 2,200만 원(간이과세자의 경우에는 이 금액에 부가가치세가 포함된 것이다)이라면 부가가치세 해당액이 200만 원이다. 그런데 매입 당시에는 간이과세자여서 11만 원(= 2,200만 원 × 0.5%)만 공제받았으므로 재고매입세액공제를 통해 나머지 금액인 189만 원(= 200만 원 × 94.5%)을 추가로 공제(환급)받을 수 있다.

재고뿐만 아니라 건물이나 차량 및 비품 등 감가상각자산을 취득한 경우에도 소급해서 매입세액을 공제받을 수 있다. 다만, 이런 자산은 감가상각을 통해 점차 소멸하는 것이므로 건물은 취득한지 10년 이내, 기타자산은 2년 이내이어야 공제할 금액이 나온다.

재고매입세액을 공제받으려면 "재고품 등 신고서"를 제출해야 하며 세무서의 승인일이 속하는 예정신고기간이나 확정신고기간의 매출세액에서 공제받을 수 있다.

[ ]일반 / [ ]간이 과세전환 시의 재고품등 신고서

※ 아래의 작성방법을 읽고 작성하시기 바랍니다.

접수번호	접수일	처리기간	즉시

1. 신고인 인적사항

① 상호(법인명)		② 사업자등록번호
③ 성명(대표자명)		④ 전화번호
⑤ 사업장(주된 사업장) 소재지		
⑥ 업태		⑦ 종목

2. 과세유형 전환 내용

※ 일반과세자로 유형전환 시 작성합니다.		※ 간이과세자로 유형전환 시 작성합니다.	
⑧ 일반과세 적용시기	202*년 7월 1일부터	⑩ 간이과세 적용기간	년 월 일부터 / 년 월 일까지
⑨ 일반과세 적용사유	일반과세 전환통지 / 간이과세 포기신고 v / 기타	⑪ 간이과세 전환통지일	년 월 일

3. 재고품, 건설 중인 자산 및 감가상각자산 명세

⑫ 품명	⑬ 규격	⑭ 수량	⑮ 단가	⑯ 재고품 등의 금액	⑰ 재고매입세액 또는 재고납부세액	⑱ 보관장소	⑲ 취득일 (감가상각자산만 해당함)
상품		1,000	22,000원	2,200만 원	1,890,000원		

「부가가치세법 시행령」 [v]제86조제1항에 따라 일반 / [ ]제112제1항에 따라 간이 과세전환 시의 재고품 등을 신고합니다.

년 월 일

신고인 (서명 또는 인)

세무서장 귀하

첨부서류	없음	수수료 없음

작성방법

1. ① ~ ⑦은 사업자의 기본사항을 작성합니다.
2. ⑧, ⑨는 간이과세자에서 일반과세자로 유형전환된 사업자가 적습니다.
3. ⑩, ⑪은 일반과세자에서 간이과세자로 유형전환된 사업자가 적습니다.
4. ⑫ ~ ⑲는 과세유형전환 시의 재고품 및 감가상각자산 명세를 적습니다.
5. ⑯: 간이과세자에서 일반과세자로 유형전환된 사업자가 재고매입세액 신고 시에는 부가가치세를 포함한 금액을 적고, 일반과세자에서 간이과세자로 유형전환된 사업자가 재고납부세액 신고 시에는 부가가치세를 제외한 금액을 적습니다.
6. ⑰: 재고매입세액 신고 시에는 「부가가치세법 시행령」 제86조제3항에 따라 계산한 금액을 적고, 재고납부세액 신고 시에는 「부가가치세법 시행령」 제112조제3항에 따라 계산한 금액을 적습니다.
7. 해당하는 신고사항에 [√]표시하고 작성일을 적은 후 신고인 란에 서명 또는 날인하여 제출합니다.

210mm×297mm[백상지 80g/㎡(재활용품)]

이와는 반대로 일반에서 간이로 과세유형이 바뀌는 경우에는 전액 공제받았던 매입세액의 일부를 도로 납부해야 하는데 이를 **재고납부세액**이라고 한다. 예를 들어, 일반에서 간이로 과세유형이 변경된 시점에서 상품재고가 2,000만 원(일반과세자의 경우 이 금액은 부가가치세가 제외된 것이다)이라면 부가가치세 해당액인 200만 원을 매입당시에 모두 매입세액으로 공제받았다. 그런데 간이과세로 변경되어 앞으로는 매입액에 대해 0.5%만 공제받는데, 팔지 못하고 보유하고 있는 재고에도 이를 적용하면 공제가능한 매입세액은 11만 원(= 2,200만 원 × 0.5%)에 불과하다. 따라서 초과공제받은 금액 189만 원(= 200만 원 × 94.5%)을 도로 반납해야 한다. 건물과 차량 등 상각성 자산도 취득일로부터 각각 10년과 2년이 지나지 않은 것이라면 재고납부세액을 내야 한다.

이 경우 납부할 금액이 너무 많다면 간이과세를 포기하고 여전히 일반과세를 유지할 수도 있다. **간이과세포기**란 간이과세에 해당하는 사업자가 스스로 간이과세를 포기하고 일반과세를 적용받는 것을 말한다. 이렇게 간이과세를 포기하는 이유는 상대방이 간이과세자와의 거래를 기피하기 때문인 것도 있고 매입세액이 많은 간이과세 사업자의 경우 매입세액을 전액 공제받지 못할 뿐만 아니라 환급도 받지 못하는 불리함이 있기 때문이다. 단, 간이과세를 포기하면 이후 3년간은 간이과세자로 복귀하지 못하고 계속 일반과세자로 남아있어야 한다.

CHAPTER

2

사업초창기
매출이 적어 세금낼 게 별로 없어도
관리를 해야 한다

01

부가가치세와
소득세의 차이

☑ 부가가치와 순이익은 다르다

사업의 목적은 돈을 버는 것이며 돈을 벌기 위해서는 사업성과가 나와야 한다. 부가가치와 순이익은 사업의 성과를 보여주는 두가지 지표에 해당한다. 사업의 1차적인 성과는 매출이므로 일단 매출이 많이 나와야 한다. 그러나 매출수익의 대부분은 내 것이 아니며 사업을 위해 다시 지출해야 하는데 이를 **매입비용**이라고 한다.

원재료비나 상품매입비를 포함해서 운송비, 수수료, 임차료, 차량유지비, 광고비 등 다양한 비용이 발생하면서 매출대금의 대부분이 다시 나가는데, 매입비용이란 매출을 위해서 쓴 돈으로 생각하면 된다. 매입이라고 하니 마치 상품이나 원재료를 매입하는 비용으로만 자칫 오해할 수 있는데, 임차료, 복리후생비나 업무추진비 같은 서비스대금도 모두 매입비용에 포함된다. 즉, 매출을 위해 외부에 지출한 각종 재화의 구입비용이나 서비스대금 모두가 매입비용이다.

매출에서 매입비용을 차감한 것을 **부가가치**라고 한다. 부가가치는 사업의 1차적인 마진이라고 보면 된다. 부가가치가 높다는 것은 매출에 비해 외부로 새 나가는 돈이 많지 않다는 뜻이다. 반면 부가가치기 낮다는 것은 매출의 대부분이 외부로 나가서 남는 것이 별로 없다는 뜻이다. 일반적으로 도·소매업이나 제조·건설업은 부가가치가 낮은 업종이며 부동산임대업 등 서비스업은 부가가치가 높은 업종이다. 하지만 동일한 업종이라도 종목에 따라 부가가치는 천차만별이다.

부가가치가 높아야 하는 이유는 이 부가가치 금액으로 사업에 투자된 자본과 노동에 대해 충분히 보상할 수 있기 때문이다. 사업은 자본과 노동의 결합체로서 먼저 돈이 투자되고 여기에 사람이 일을 해서 성과가 나오는 구조다. 대부분의 사업자본에는 사업주나 주주의 돈 이외에 은행 돈도 들어가있는데 이에 대해서는 이자가 지급돼야 한다. 또한 직원들에게는 인건비가 지급돼야 하며 심지어 정부에 세금도 내야 한다. 나아가 자신이 투자한 시설에 대한 감가상각비도 회수해야 한다. 부가가치금액에서 이와 같은 인건비, 이자비용, 세금, 감가상각비를 마저 차감한 것이 **순이익**이며 순이익은 사업주의 몫으로 자신이 투자한 자본과 노동에 대한 보상금액이다.

| 부가가치와 순이익의 차이 |

매 출	5억 원	= 2,000만 원
(-) 매입비용	3억 원	
부가가치	2억 원	← 부가가치세 = (매출액 - 매입액) × 10%
(-) 인건비	9,000만 원	← 급여 + 복리후생비 + 퇴직금
(-) 이자비용	1,000만 원	
(-) 세금	400만 원	← 국세 + 지방세
(-) 감가상각비	600만 원	
순이익	9,000만 원	← 사업주의 몫

부가가치가 적으면 인건비와 이자비용, 세금 및 감가상각비를 충당하기 어렵고 사업주의 순이익이 나오지 않는다. 위 사업체의 경우 매출에 대한 부가가치의 비율(줄여서 부가율이라고 한다)이 40%이며, 부가가치 2억 원이 사업자본 제공자인 은행 및 사업주와 노동력을 제공한 직원에게 어떻게 분배되고 있는지 알 수 있다.

부가가치에 대해 과세되는 세금이 부가가치세이고, 세전순이익에 과세되는 세금이 소득세 또는 법인세다. 따라서 매입비용이 많은 사업(도·소매업, 제조업, 음식점업 등)은 부가가치가 낮아 부가가치세를 적게 내는 반면, 매입비용이 적은 사업(서비스업 등)은 부가가치가 높아 부가가치세를 많이 내야 한다. 이 경우 부가가치가 높은 업종은 상대적으로 인건비가 많을 수 있는데, 부가가치는 많은 대신 인건비 등의 비용을 추가로 차감한 순이익이 적어지므로 소득세 부담은 줄어든다.

| 부가가치가 낮을수록 인건비와 시설투자비를 줄여야 한다 |

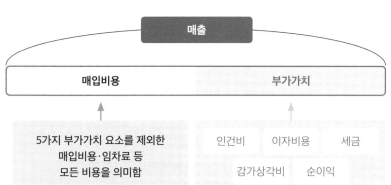

▲ 매입비용이 많아 부가가치금액이 적으면 인건비와 이자비용, 감가상각비 등을 충당할 수 없으며 본인의 인건비, 즉 순이익도 적을 수밖에 없다. 따라서 사업특성상 매입비용이 많아 부가가치가 낮은 사업이라면 인건비와 시설투자에 따른 감가상각비를 최소화해야 한다.

02

부가가치가 높은 사업과
낮은 사업의 차이는?

☑ 부가가치율이 낮으면 돈벌기 힘든 구조다

부가가치의 의미를 통해 사업에서 부가가치의 역할을 이해할 수 있다. 부가가치가 낮으면 한마디로 매출해봐야 별로 남는게 없다는 뜻이니 당연히 부가가치가 높은 사업이 유리하다. 다만, 부가가치와 순이익은 각각 다른 개념이므로 부가가치율이 낮아도 순이익은 많을 수 있고, 반대로 부가가치율이 높아도 순이익은 적을 수 있다.

부가가치가 낮은 사업이라면 일단 매출의 총액이 많아야 한다. 도·소매업이나 제조업 등은 서비스업에 비해 매출규모가 큰데, 그 이유는 부가가치가 낮기 때문이다. 서비스업은 매출을 하더라도 매입비용이 별로 없기 때문에 매출의 대부분이 부가가치로 남는다. 그러나 도·소매업이나 제조업 등은 매입에 의해 매출이 이루어지는 사업구조라 외형적인 매출이 많을 수밖에 없다.

만약 어떤 사업의 부가가치율이 30%인데 매출이 1억 원이라면 부가가치가 3,000만 원에 불과한데, 이를 가지고 인건비와 이자비용 등을 감당하기란 쉽지 않다. 그러나 매출이 3억 원이라면 9,000만 원의 부가가치가 나오므로 훨씬 여유가 있다.

이와 반대로 부가가치가 높아도 인건비와 이자비용 등이 지나치게 많다면 순이익은 나오기 어렵다. 부가가치보다 더 중요한 것은 순이익이다. 사업주의 몫은 바로 순이익이기 때문에 아무리 부가가치가 높아도 순이익이 없다면 사업할 이유가 전혀 없다. 사업을 해서 결국은 남 좋은 일만 하게 되는 셈이다.

하지만 대부분의 사업자들은 이런 개념 구분 없이 사업하는 경우가 많다. 자신이 하고 있는 사업의 부가가치가 어느 정도인지, 자신의 인건비와 투입자금의 원가가 제대로 회수되는지도 모른 채 사업하다보면 통장 잔고는 항상 모자란다. 이를 대출금으로 계속 메꿔넣다 보면 시간이 갈수록 빚만 늘게 된다. 심지어 개인자금과 사업자금을 구분하지 않고 쓰는 경우도 많다.

사업자도 이제는 스마트해져야 한다. 왜냐하면 과거에 장사가 잘되던 시절에는 그렇게 대충해도 고객이 있고 어느 정도 순이익도 나왔지만 지금은 상황이 완전히 바뀌었기 때문이다. 인건비, 임차료 등 모든 원가는 상승하고 사업자수는 증가하는 반면, 주 소비층인 젊은 세대는 점점 감소하고 있다. 사업자 1인당 파이는 줄어들 수밖에 없으며 앞으로 사업환경은 갈수록 어려워질 것이 불을 보듯 뻔하다. 결국 치밀하고 정교한 사업운영전략과 관리없이는 돈을 벌기 어렵다는 뜻이다.

☑ 국세청이 보는 업종별 부가가치율

부가가치율은 업종마다 다르다. 부가가치에 대해 과세되는 세금이 부가가치세인데, 부가가치는 사업자가 실제로 달성한 부가가치금액, 즉 매출액에서 매입액을 차감해서 계산하는 것이 원칙이다. 4,000만 원의 매입으로 6,000만 원의 매출을 달성했다면, 2,000만 원의 부가가치를 창출한 것이므로 이에 대해 10%인 200만 원의 부가가치세를 내야 한다.

그러나 매출규모가 작은 사업자로서 일반소비자를 대상으로 하는 사업인 경우 부가가치세를 따로 받지도 않는데다, 부가가치의 절대 금액이 워낙 적어서 순이익을 내기도 힘들다. 그런데 매출액의 10%를 부가가치세로 내야 한다면 사업자의 순이익이 안 나오므로 간단한 방식으로 부가가치세를 계산하는데, 이것이 앞서 살펴본 간이과세제도다.

간이과세자는 자신이 신고한 매출액에 국가가 이미 정해둔 부가가치율(실무에서는 줄여서 부가율이라고 한다)을 곱해 부가가치를 산정하고, 여기에 10%의 세율을 적용해서 부가가치세를 계산한다.

예를 들어, 신고한 매출이 6,000만 원이고 해당 업종의 부가율이 15%라면 부가가치총액은 900만 원이 되는데, 여기에다 10%의 세율을 곱하면 90만 원의 부가가치세가 산출된다. 매입비용이 얼마인지 일일이 따지지 않고 간단하게 계산하는 셈이다. 현재 세법에서 정한 간이과세자의 업종별 부가율은 다음과 같다.

| 업종별 부가가치율 |

업종	부가가치율
소매업 · 음식점업	15%
제조업	20%
숙박업	25%
건설업 · 정보통신업	30%
부동산임대업 · 금융보험업 · 서비스업	40%

▲ 도매업은 간이과세가 적용되지 않으므로 부가율이 따로 정해지지 않았는데, 국세청의 국세통계포털에 따르면 일반과세자인 도매업의 신고된 평균부가율은 18%이다.

간이과세자의 실제 부가율은 사업자마다 제각각 다르겠지만, 부가가치세 계산시에는 위와 같이 정해진 비율을 적용하는데, 일반과세자의 경우 업종별로 신고된 평균부가율 자료가 국세통계포털에 나오므로 이것과 비교해 보면 현재 본인사업의 부가율이 어느 정도 수준인지 파악할 수 있다. 연간 부가가치세 납부액(세액공제 전)을 매출로 나눈 다음, 10을 곱한 것이 현재의 부가율이다. 예를 들어 피부관리숍의 연간 매출이 1억 원인데, 연간 부가가치세 납부액이 360만 원이라면 부가가치금액은 3,600만 원, 매입비용이 6,400만 원이라는 의미로 부가율은 36%(= 360만 원 ÷ 1억 원 × 10)인 셈이다. 참고로 서비스업의 신고된 평균부가율은 50%이다.

만약 자신의 부가율이 업종별 평균부가율보다 높다면 세금을 줄이기 위해서 매입비용을 좀 더 늘려야 할 것이며, 자신의 부가율이 업종별 평균부가율보다 낮다면 그 원인을 찾아서 과다한 매입비용을 줄이는 노력을 해야 한다. 또한 매년 자신의 부가율을 비교해보고 만약 부가율이 점점 낮아지는 추세라면 매입비용 상승으로 인해 사업성이 점차 떨어지고 있다고 봐야 한다. 이런 경우 가격인상이 이루어지지 못하면 순이익 마진은 계속 낮아질 수밖에 없다.

| 간이과세자(서비스업)의 업종별 부가율의 의미 |

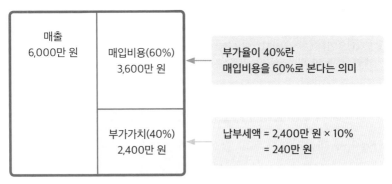

▲ 매입비용의 크기에 따라 부가가치금액과 부가율이 달라지는데, 간이과세자는 실제 매입비용에 상관없이 세법에 정한 업종별 부가율로 부가가치세를 간단하게 계산한다.

03

부가가치세를
제대로 이해하자

☑ 부가가치세로 찍힌 것은 내 돈이 아니다

매출을 포함한 모든 재화·용역의 공급거래에는 부가가치세가 과세되는데, 부가가치세는 간접세이므로 공급받는 자, 즉 상대방 구매자나 고객이 부담하는 세금이다. 따라서 매출금액 외에 10%의 부가가치세를 따로 받아야 하며 부가가치세를 포함한 대금을 받기 위해 발행하는 청구서가 **세금계산서**다. 세금계산서에는 공급가액 (상품이나 서비스값)에 부가가치세가 추가되는데 부가가치세를 포함한 총액을 **공급대가**라고 표현한다.

예를 들어, 단가 10,000원인 상품을 100개 팔았다면 공급가액은 100만 원이지만 받아야 할 공급대가는 부가가치세 10만 원을 포함한 110만 원이다. 그리고 이 부가가치세는 구매자인 상대방이 낸 세금을 공급자가 잠시 보관하고 있는 것으로서 부가가치세 신고시 결국 세무서에 내야 할 세금이다. 비록 110만 원을 받았지만 회계적으로 매출은 100만 원일 뿐이고, 10만 원은 부채(부가가치세예수금이라고 한다)에 해당한다. 발행한 세금계산서 또는 신용카드매출전표에는 공급가액 100만 원, 부가가치세 10만 원이 각각 찍히는데 이를 복식부기로 회계처리하면 다음과 같다.

현금(또는 외상매출금)	100만 원	/	매출		100만 원
현금(또는 외상매출금)	10만 원	/	부가가치세예수금		10만 원

▲ 매출수익의 발생으로 모두 110만 원의 자산이 증가했지만 수익금은 100만 원이고, 그 중 10만 원은 부가가치세 신고시 내야 할 부채다.

그런데 이렇게 세금계산서를 발행해서 따로 부가가치세를 받을 수 있는 경우는 상대방이 사업자인 경우다. 소매업·음식점업·서비스업 등 대부분의 개인사업은 사업자가 아닌 일반소비자를 대상으로 하므로 세금계산서를 발행하지 못한다. 따라서 부가가치세를 별도로 청구하지 못하고 매출대금만 받게 되는데, 이런 경우에는 결국 그 안에 부가가치세가 포함된 셈이다.

예를 들어, 가격이 10,000원인 경우 신용카드로 결제하면 공급가액 9,090원(= 10,000원 ÷ 1.1)원과 부가가치세 910원(= 9,090원 × 10%)으로 구분돼서 찍히는데, 이 경우 받은 돈 10,000원을 모두 자신의 매출로 착각하면 안된다. 매출은 9,090원이고 910원은 내야 할 세금으로서 부채다. 어찌보면 매출시점에서 10%를 곧바로 부가가치세로 털린다고 생각하면 된다. 건당 금액은 이렇게 작아도 부가가치세를 신고할 때까지 수개월(법인은 3개월, 개인사업자는 6개월이다)동안 모이면 꽤 큰 금액이 된다.

이렇게 부가가치세로 받은 돈을 따로 관리하지 않고 써버리면 막상 부가가치세를 신고할 때는 돈이 없어 애를 먹는 경우가 아주 흔하다. 돈보다 더 크게 다가오는 것은 정신적인 스트레스다. 지난 수개월간 매출할 때마다 고객으로부터 이미 받았던 돈인데도 불구하고 부가가치세 신고시 내야 할 부가가치세를 마치 자신이 부담하는 듯한 생각에 스트레스가 이만저만이 아니다. 회계사무소에서는 10%를 매출이 아닌 부채로 처리하는데, 사업자는 이를 부채로 보지 않고 자신의 매출로 생각하고 써버리다보니 이런 문제가 발생하는 것이다.

이런 상황을 피하기 위해서는 매월 자신의 매출대금과 부가가치세를 엄격히 구분해두는 것이 필요하다. 사업통장 외에 부가세통장을 따로 만들어 미리 이체시켜두면 세금낼 때 아무런 걱정과 부담이 없다.

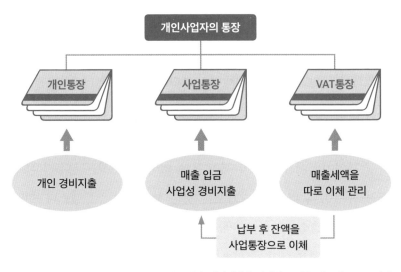

| 개인사업자는 3개의 통장을 만들어라! |

▲ 부가세통장에는 매출세액 전액을 담아두지만, 매입세액을 차감한 금액을 납부하므로 주기적으로 남는 잔액을 사업통장으로 이체해도 된다.

☑ 매입세액을 공제받지 못하는 경우가 있다

사업자가 사업관련 지출을 하면서 부담한 매입세액은 매출을 위해서 발생한 것이므로 매출세액을 납부할 때 공제해준다. 즉, 지출할 때 상품이나 서비스값에 포함해서 내기는 했지만 부가세 신고를 통해 환급받는 셈이다. 근로사 같은 일반 개인은 사업자가 아니기 때문에 공제받을 방법이 없어서 이를 고스란히 본인들이 부담하게 되지만 사업자는 다르다. 이 경우 매입세액공제를 받으려면 거래할 때 상대방에게 부가가치세를 줬다는 증빙, 즉 매입세금계산서 나 신용카드매입전표가 있어야 하므로 부가가치세 금액이 표시된 증빙을 꼭 받아야 한다.

그러나 다음과 같은 경우는 비록 부가가치세를 부담하고 증빙 을 받았다고 하더라도 매입세액공제가 불가능하다.

● 면세사업자의 매입세액

면세사업자는 부가가치세를 신고하지 않는 사업자다. 즉 자신 은 매출할 때 부가가치세를 따로 받지 않으므로 본인이 부담한 매 입세액만 발생하는데, 이를 공제해주지 않는다. 매출세액이 없기 때문에 공제받을 매입세액도 없다고 보는 것이다. 결국 면세사업자 가 부담한 매입세액은 일반 소비자처럼 본인이 떠안아야 한다.

● 업무추진비와 승용차에 관련된 매입세액

업무추진비와 승용차관련 비용은 소득세나 법인세를 계산할 때 는 이를 사업관련경비로 인정해준다. 다만, 업무추진비는 모든 사 업자에 대해 세법이 정한 한도금액까지만 경비로 인정하고, 승용차 는 법인과 일정규모 이상인 개인사업자의 경우 감가상각비 한도를 연간 800만 원으로 제한하는 등의 규제가 있다.

그러나 부가가치세법에서는 이 두 가지 비용 모두 매출과 직접적 인 관련성이 없다고 보아 매입세액공제를 해주지 않는다. 따라서 업 무추진비와 승용차유류대 및 카센터비용 등은 부가가치세 환급이 안 되므로 부가가치세를 포함한 총액을 모두 경비로 처리해야 한다.

● 사업과 관련없는 지출에 대한 매입세액

이른바 업무무관경비를 말하는 것으로서, 소득세나 법인세를 계산할 때도 경비로 인정하지 않지만 관련된 부가가치세 매입세액공제도 불가능하다.

한편, 사업자등록을 하기 전에 개업준비과정에서 사업장에 대한 인테리어를 하거나 비품 등을 구입하면서 발생한 매입세액도 증빙을 받아두면 공제가 가능하다. 단, 해당 건이 발생한 날이 속하는 과세기간 종료일로부터 20일 안에 사업자등록을 해야 한다. 예를 들어, 6월 20일에 매입세금계산서를 받았거나 신용카드로 결제했다면 1기 과세기간 종료일인 6월 30일로부터 20일이 지나기 전까지 즉, 늦어도 7월 20일까지 사업자등록을 마치면 비록 사업자등록을 하기 전에 발생한 매입세액일지라도 공제받을 수 있다.

| 매입세액 불공제항목을 주목하라! |

▲ 매입세액공제가 불가능한 지출은 면세사업자처럼 부가가치세를 합쳐서 자산 또는 비용으로 회계처리해야 한다.

04

매출못지 않게
관리도 중요하다

☑ 관리의 출발점은 숫자보기다

사업에서 일단 중요한 것은 뭐니뭐니 해도 매출이다. 영업을 잘해서 매출이 많이 나와야 이익을 기대할 수 있기 때문이다. 그런데 매출은 많은데도 남는 이익이 없다면 이는 비용에 문제가 있다고 봐야 한다. 비용이 지나치게 많이 나가거나 또는 판매가격이 비용을 충당하지 못할 정도로 너무 낮은 것이 이유일 수 있다.

흔히 사업을 영업과 관리라는 두 바퀴로 굴러가는 수레에 비교한다. 영업을 잘 해도 관리가 안 되거나, 반대로 관리를 잘 해도 영업이 안 되면 수레는 앞으로 나아가기 어렵다. 영업이 손익계산서의 매출 등 수익을 늘리는 것이라면 관리는 비용을 줄이는 것을 의미하는데, 모든 관리의 출발점은 숫자보기에서 시작한다.

　　법인이든 개인이든 모든 사업체는 1년마다 결산을 하는데, 이에 따라 손익계산서가 만들어진다. 손익계산서에는 사업체에서 1년 동안 달성한 매출은 물론 1년 동안 발생한 비용이 해당 과목별로 나타나는데, 이를 통해 비용을 관리할 수 있다. 어떤 비용이 많이 발생했으며, 작년과 비교했을 때 어떤 비용이 증가했는지 그리고 더 줄일 수 있는 방법이 무엇인지 찾고 고민하는 것이 관리의 본질이다.

　　그러나 아쉽게도 대부분의 사업자들은 자신이 경영하는 사업체의 손익계산서를 보지 않는다. 손익계산서에 나오는 숫자가 부담스러워서 보기만 해도 머리아프다고 하는데, 이렇게 해서는 비용관리가 불가능하다. 만약 가정경제를 관리하기 위해 가계부를 쓰기만 하고 보지 않는다면 힘들게 작성할 이유가 전혀 없다. 사업체의 손익계산서는 관리하기 위한 용도로도 사용되므로 매년 이를 통해서 비용을 관리하는 습관을 들여야 한다.

숫자력을 키워야 한다

재무제표는 숫자로 표시되는데 많은 사업자들은 "숫자는 복잡하기 때문에 눈에도 잘 안 들어오고 부담스러우니 자연스럽게 안 보게 된다"고 말한다. 하지만 사업경영은 숫자로 이루어지는 것이므로 숫자력을 키우는 훈련이 꼭 필요하다. "숫자력"이란 숫자를 보는 힘인데, 숫자를 빨리 읽고 이해하고 기억하는 능력을 포함해서 모든 현상을 숫자로 생각하고 판단하는 능력을 말한다.

숫자력을 키우는 방법은
첫째, 일단 숫자를 가까이 하고 친숙해지는 것이다. 처음에는 힘들어도 자꾸 반복하다보면 어느덧 숫자보기가 익숙해진다. 더구나 본인의 사업체 하나만 보는 것이며 매년 숫자가 크게 달라지지 않는다.

둘째, 큰 숫자는 끊어서 보고 기억하는 것이 좋다. 숫자의 크기에 따라 천만, 또는 억 단위로 끊어서 보면 편하다. 예를 들어 손익계산서에 532,492,358원이라고 표시되면 5억 3,200만 원으로 읽으면 된다.

셋째, 숫자는 반드시 관련된 항목의 숫자와 비교해야 한다. 영업이익은 총자산 및 매출액과, 부채는 자본과 비교해야 한다. 매출원가는 매출액과, 이자비용은 영업이익과 각각 비교해야 한다. 이렇게 비교함으로써 해당 금액이 적절한지 평가할 수 있다. 그리고 전년도와도 반드시 비교해서 추세를 체크하는 습관을 길러야 한다.

이렇게 하다보면 숫자가 그리 복잡하지 않으며 어느덧 숫자 감각도 생기게 된다. 나아가 숫자 감각을 통해 재무적 감각을 높일 수 있으며 사업에 대한 안목과 통찰력도 생기게 된다.

☑ 종합소득세(법인세)신고서에 사업운영상황이 다 나온다

사업자라면 누구나 손익계산서를 작성해야 한다. 사업자가 손익계산서를 작성하는 가장 큰 목적은 세금신고 때문이다. 사업체의 사업성과, 즉 매년 벌어들인 소득에 대해서 개인은 종합소득세, 법인은 법인세를 신고하고 내야 하는데 소득이 얼마인지 알기 위해서는 손익계산을 해야 한다.

사업체에서 일상적으로 발생하는 모든 매출거래와 매입거래 그리고 급여 등 각종 경비지출건에 대해 그때마다 주고받은 증빙을 토대로 회계처리를 하면 손익계산서가 만들어진다. 손익계산서는 소득금액이 계산된 근거가 되는 중요한 자료이므로 종합소득세나 법인세를 신고할 때 재무상태표와 함께 제출한다.

신고를 하면 국세청에서는 사업자의 매출에 누락은 없는지, 특히 비용에 가공경비나 사업과 관련없는 비용이 포함되지는 않았는지 검증한다. 그런데 사업자들은 대부분 회계를 모르거나 어렵다는 이유로 손익계산서를 자신이 직접 만들지 않고 세무사사무실에 위탁하는 경우가 많다. 결국 기장(장부기장의 줄임말이다)과 재무제표작성은 물론 세금신고·납부까지 모두 다른 사람에 의해 이루어진다. 이때 세무사사무실을 세무대리인라고 하며 세무신고를 대리하기 위해서 기장도 대리하는 것이다. 이렇게 하기 위해서는 당연히 수수료비용이 발생한다.

그러다보니 사업자는 손익계산서에 접근하기가 어렵고 들여다 볼 기회도 줄어든다. 만약 사업체에서 직접 기장을 한다면 사업현황을 수시로 들여다 볼 수 있고 이를 통해 오류발견은 물론 관리의 문제점도 즉시 체크가 가능하지만, 위탁하는 경우에는 모든 회계자료가 외부에 있기 때문에 이런 것들이 불가능하다.

그렇기 때문에 최소한 1년에 한 번, 종합소득세나 법인세를 신고할 때는 신고서에 첨부된 손익계산서와 재무상태표를 반드시 확인해야 한다. 대부분의 사업자들은 "영업하기 바쁜데 그걸 언제 보나?" 또는 "세무사 사무실에서 잘 했겠지"라며 아예 보지도 않는 경우가 많은데 이는 매우 잘못된 습관이다.

사업자가 사업경영의 결과보고서를 무시하고 보지도 않는다면 좋은 사업성과를 기대하기 어렵다. 모든 사업관리의 출발점은 숫자를 보는 것으로부터 출발한다. 게다가 손익계산서와 재무상태표를 만드는 결산작업과 세금신고에는 매달 내는 기장비용 외에 추가비용(결산보수와 세무조정보수라고 한다)이 청구된다. 즉 공짜로 만든 것이 아니라 소중한 돈이 들어간 보고서이기 때문에 더더욱 이를 활용해야 한다.

따라서 신고절차가 마무리되면 제출된 세무조정계산서를 받아서 뒤에 첨부된 손익계산서와 재무상태표를 보고 무슨 문제가 없는지, 사업체의 운영상황을 점검하고 개선하는 노력을 해야 한다.

표준재무상태표

단위: 원

| 상 호 | | 사업자등록번호 | | | 대상 과세기간 | . . . 부터 |
| | | | | | | . . . 까지 |

계 정 과 목	코드	금 액	계 정 과 목	코드	금 액
Ⅰ. 유동자산	01	: : :	(2) 장기투자증권	32	: : :
1. 당좌자산	02	: : :	(3) 장기대여금	33	: : :
❶ (1) 현금 및 현금성자산	03	: : :	① 관계회사	34	: : :
❷ (2) 단기금융상품	04	: : :	② 임원 및 종업원	35	: : :
(3) 단기투자증권	05	: : :	③ 기타	36	: : :
(4) 단기대여금	06	: : :	(4) 기타	37	: : :
① 관계회사	07	: : :	2. 유형자산	38	: : :
② 임원 및 종업원	08	: : :	(1) 토지	39	: : :
③ 기타	09	: : :	(2) 건물	40	: : :
❸ (5) 매출채권	10	: : :	(3) 구축물 (시설장치 포함)	41	: : :
(6) 선급금	11	: : :	(4) 기계장치	42	: : :
(7) 미수금	12	: : :	(5) 선박	43	: : :
① 공사미수금	13	: : :	(6) 건설용 장비	44	: : :
② 분양미수금	14	: : :	❺ (7) 차량운반구	45	: : :
③ 기타	15	: : :	(8) 공구 및 기구	46	: : :
(8) 선급비용	16	: : :	❻ (9) 비품	47	: : :
(9) 기타	17	: : :	(10) 건설 중인 자산	48	: : :
❹ 2. 재고자산	18	: : :	(11) 기타	49	: : :
(1) 상품	19	: : :	3. 무형자산	50	: : :
(2) 제품	20	: : :	(1) 영업권	51	: : :
(3) 반제품 및 재공품	21	: : :	(2) 산업재산권 (특허권, 상표권 등)	52	: : :
(4) 원재료	22	: : :	(3) 개발비	53	: : :
(5) 부재료	23	: : :	(4) 기타	54	: : :
(6) 미착상품 (미착재료)	24	: : :	4. 기타 비유동자산	55	: : :
(7) 건설용지	25	: : :	(1) 장기매출채권	56	: : :
(8) 완성건물	26	: : :	(2) 장기선급금	57	: : :
(9) 미성공사	27	: : :	(3) 장기미수금	58	: : :
(10) 기타	28	: : :	❼ (4) 임차보증금	59	: : :
Ⅱ. 비유동자산	29	: : :	(5) 기타보증금	60	: : :
1. 투자자산	30	: : :	(6) 기타	61	: : :
(1) 장기금융상품	31	: : :	자산 총계(Ⅰ+Ⅱ)	62	: : :

210mm×297mm[백상지 80g/㎡(재활용품)]

표준재무상태표

단위: 원

상 호		사업자등록번호		대상 과세기간	. . 부터 . . 까지

계 정 과 목	코드	금 액	작 성 방 법
Ⅰ. 유동부채	63	: : :	
1 단기차입금	64	: : :	□ 표준재무상태표는 기업회계기준을 준용하여 다음과 같이 작성
⑧ 2. 매입채무	65	: : :	해야 합니다.
3. 선수금	66	: : :	1. 소득별(사업, 부동산)로 각각 별지로 작성해야 합니다.
4. 미지급금	67	: : :	2. 공동사업자는 공동사업장별로 작성해야 합니다.
5. 예수금	68	: : :	3. 재무상태표의 계정과목과 같은 계정과목이 없는 경우에는
6. 미지급비용	69	: : :	유사한 계정과목 란에 적습니다.
7. 유동성장기부채	70	: : :	4. 계정과목에 적을 금액이 없는 때에는 금액란에 '0'으로
8. 유동성충당부채	71	: : :	적습니다.
9. 기타	72	: : :	5. 단기투자증권(코드번호:05)은 단기매매증권 및 유동자산
Ⅱ. 비유동부채	73	: : :	으로 분류되는 매도가능증권과 만기보유증권을 적습니다.
⑨ 1. 장기차입금	74	: : :	6. 완성건물(코드번호:26)은 판매용 주거용건물 및 비주거용
① 관계회사	75	: : :	건물을 적습니다.
② 임원 및 종업원	76	: : :	7. 의료업자의 의료기구 또는 의료시설은 공구 및 기구(코드
③ 기타	77	: : :	번호:46)란에 적습니다.
2. 장기매입채무	78	: : :	
3. 장기선수금	79	: : :	
4. 장기미지급금	80	: : :	
5. 임대보증금	81	: : :	
6. 기타보증금	82	: : :	
7. 퇴직급여충당부채	83	: : :	
8. 기타충당부채	84	: : :	
9. 제준비금	85	: : :	
10. 기타	86	: : :	
부채총계(Ⅰ+Ⅱ)	87	: : :	
⑩ Ⅲ. 자본금	88	: : :	
⑪ Ⅳ. 당기순손익	89	: : :	
자본 총계(Ⅲ+Ⅳ)	90	: : :	
⑫ 부채 및 자본총계(Ⅰ+Ⅱ+Ⅲ+Ⅳ)	91	: : :	

210mm×297mm[백상지 80g/㎡(재활용품)]

❶ 12월 말 현재 가지고 있는 현금과 사업자통장의 잔액

❷ 만기가 정해진 은행예금으로서 만기가 향후 1년 이내인 것

❸ 12월 말 현재 거래처에서 아직 받지 못한 매출대금

❹ 12월 말 현재 판매하지 못한(원재료는 사용하지 않은) 재고자산

❺ 사업용차량(승용차 포함)의 장부가액(취득원가에서 그동안 감가상각된 금액을 차감한 것)

❻ 사업초기 인테리어비용이나 사용기간이 1년 이상인 각종 사무용비품 등으로 감가상각되고 남은 장부가액

❼ 사업장을 임차한 경우 건물주에게 지급한 보증금

❽ 매입대금 중 12월 말 현재 거래처에 아직 지급하지 않은 금액

❾ 은행에서 빌린 사업자금으로 만기가 1년 이상인 것(만기가 1년 이내인 것은 단기차입금)

❿ 사업개시 당시 출자금

⓫ 손익계산서에 나오는 당기순이익으로 매년 당기순이익만큼 자본이 증가한다.

⓬ 부채(갚아야 할 남의 돈)와 자본(사업자의 돈)의 합계로 이 돈이 사업체의 모든 자산에 투자되어 있으므로 자산총계와 일치한다.

05

창업초기에는 5년 동안 소득세와 법인세를 감면해준다

창업초기에는 이익을 내기도 어렵지만 청년창업의 경우에는 설령 이익이 난다고 해도 소득세나 법인세를 감면받을 수 있다. 창업중소기업에 대한 세금감면제도가 있기 때문이다. 다만, 이 제도의 적용대상은 청년창업기업이므로 창업 당시 대표자의 나이가 15~34세이어야 한다.

유흥업을 제외한 대부분의 업종(조세특례제한법 6조에 열거되어 있다)이 해당되며 창업이후 최초로 소득이 발생한 연도부터 5년간 소득세와 법인세를 50~100% 감면받을 수 있다.

또한 중소기업에 속하는 사업자는 중소기업특별세액감면을 받을 수 있는데 적용대상 업종(조세특례제한법 7조에 열거되어 있다)에 해당하면 소득세와 법인세의 5~30%를 감면받을 수 있다.

다만, 이런 감면은 자동으로 이루어지는 것이 아니라 사업자가 신청해야만 가능하며, 신고대리를 위탁한 경우 감면대상임에도 불구하고 혹시 누락되지 않았는지 직접 챙겨야 한다. 감면신청을 했다면 밑에 있는 신고서의 세액감면란(㉔번)에 표시되므로 이를 통해 감면신청여부를 확인할 수 있다.

| 종합소득세 신고서 |

❹ 세액의 계산

구분		종합소득세		지방소득세
❶ 종합소득금액	⑲	43,000,000		
소득공제	⑳	7,000,000		
❷ 과세표준(⑲－⑳)	㉑	36,000,000	㊶	3,380,000
세율	㉒	15%	㊷	10%
산출세액	㉓	4,140,000	㊸	338,000
세액감면	㉔		㊹	
세액공제	㉕	760,000	㊺	
❸ 결정세액 - 종합과세(㉓－㉔－㉕)	㉖	3,380,000	㊻	
결정세액 - 분리과세주택임대소득	㉗		㊼	
결정세액 - 합계(㉖＋㉗)	㉘		㊽	
가산세	㉙		㊾	
추가납부세액 (농어촌특별세의 경우에는 환급세액)	㉚		㊿	
합계(㉘＋㉙＋㉚)	㉛	3,380,000	(51)	
기납부세액	㉜	2,100,000	(52)	
❹ 납부(환급)할 총세액(㉛－㉜)	㉝	1,280,000	(53)	338,000
납부특례세액 - 차감	㉞			
납부특례세액 - 가산	㉟			
분납할세액 - 2개월 내	㊱			
신고기한 이내 납부할 세액(㉝－㉞＋㉟－㊱)	㊲	1,280,000	(54)	338,000

③ 사업장	소 재 지							
	국내1/국외9	소재지국코드						
④ 상		호	세종상사		희망빌딩			
⑤ 사 업 자 등 록 번 호			207-35-12345		202-04-34567			
⑥ 기 장 의 무								
⑦ 신 고 유 형 코 드			11		11			
⑧ 주 업 종 코 드			192001		701201			
⑨ 총 수 입 금 액			200,000,000		30,000,000			
⑩ 필 요 경 비			175,000,000		12,000,000			
⑪ 소 득 금 액(⑨-⑩)			25,000,000		18,000,000			
⑫ 과 세 기 간 개 시 일								
⑬ 과 세 기 간 종 료 일								

❶ 신고자의 모든 종합소득의 합계금액으로 사례의 경우 도매업의 사업소득 2,500만 원과 임대업의 사업소득 1,800만 원의 합계인 4,300만 원이 종합소득이다. 각각의 소득은 수입금액에서 필요경비를 차감한 것이다.

❷ 소득금액에서 소득공제를 차감한 것이 과세표준이다. 따라서 소득공제를 많이 받을수록 과세표준이 낮아져서 세금이 줄어든다.

❸ 과세표준에 세율을 곱한 것이 산출세액인데, 여기서 세액감면과 세액공제를 차감한 것이 결정세액이다. 결정세액이 소득자가 부담하는 최종세액이며 이를 줄이기 위해서는 세액감면과 세액공제를 최대한 많이 받아야 한다.

❹ 결정세액에서 이미 납부한 소득세(기납부세액)를 차감한 것이 종합소득세 신고시 내야 할 세금이다. 개인사업자는 매년 11월(법인은 8월)에 중간예납을 하는데, 이때 미리 낸 세금을 공제하는 것이다.

06

프랜차이즈 가맹비나 권리금, 영업권으로 지급한 것도 비용처리가 가능할까?

프랜차이즈 사업을 시작하기 위해 지급한 가맹비나 직전 임차인에 지급한 권리금도 사업관련 지출이므로 경비처리가 가능하다. 다만, 지급 사실을 증명할 수 있는 증빙이 있어야 한다. 가맹비는 프랜차이즈 본사에 지급하는 것인데, 계약기간이 끝나고 돌려받는 조건이라면 일종의 보증금에 해당하므로 경비처리가 불가능하다. 이런 경우 가맹비는 가맹점주에게는 보증금이라는 자산이지만, 본사에게는 돌려줘야 하는 부채가 된다.

그러나 환급받지 않는 조건이라면 가맹비는 가맹점주에게는 비용이며 본사에게는 수익이다. 이 경우 본사는 부가가치세를 포함해서 가맹비를 받고 이에 대해 세금계산서를 발행하게 되는데, 가맹점주는 이를 근거로 지급액을 비용으로 처리하면 된다. 다만, 지급한 해에 한꺼번에 비용으로 처리하면 안 되고 계약기간동안 나누어 처리해야 한다. 예를 들어, 계약기간이 5년이고 가맹비를 5,000만 원 지급했다면 5,000만 원을 무형자산(프랜차이즈가맹비)으로 잡은 다음, 매년 1,000만 원씩 정액법으로 상각해서 비용처리해야 한다. 가맹비로 지급한 5,000만 원의 비용이 사업기간인 5년간에 걸쳐서 발생하기 때문이다.

가맹비는 주로 대기업 본사와의 거래이므로 그 증빙을 갖추는 데 문제가 없지만 권리금은 그렇지 않다. 권리금의 경우 지급한 사업자는 이를 사업경비로 처리할 수 있다. 그런데 세법에서는 권리금을 재화의 양도로 보기 때문에 권리금을 받은 사업자는 세금계산서를 발행해야 한다. 이에 따라 권리금을 지급하는 사업자는 부가가치세를 포함해서 지급(매입세액은 부가세 신고시 공제받으면 된다)해야 하며, 상대방으로부터 받은 세금계산서를 근거로 권리금을 비용으로 처리할 수 있다.

그런데 소득세법상 개인이 받는 권리금은 기타소득에 해당한다. 따라서 세금계산서 수취와는 별개로, 지급하는 사업자가 상대방의 기타소득세를 원천징수하고 지급명세서를 제출해야 한다. 권리금의 필요경비는 60%이므로 만약 권리금이 3,000만 원이라면 지급액의 40%에 해당하는 1,200만 원이 기타소득이 되는데, 적용세율이 20%이므로 지방소득세 2%를 포함해서 22%인 264만 원(= 3,000만 원 × 8.8%)을 공제하고 지급하면 된다.

만약 권리금을 법인에게 지급했다면 원천징수없이 세금계산서만 받으면 된다. 그러나 직전 사업자가 폐업했거나 세금부담을 피하기 위해 기타소득 원천징수를 거부하거나 세금계산서 발행을 하지 않는 경우가 있는데, 이때는 영수증이라도 받아서 영수증수취명세서에 상대방 사업자의 등록번호 등을 기재해서 경비인정을 받을 수 있도록 해야 한다. 이 경우도 세법상 권리금의 사용기간을 5년으로 보기 때문에 가맹비처럼 무형자산으로 잡고 향후 5년간에 걸쳐 경비로 처리해야 한다.

한편, 영업권은 다른 사업자로부터 기존사업을 통째로 양수하면서 지급한 프리미엄을 말한다. 사업을 포괄적으로 사고파는 것은 재화의 공급으로 보지 않으므로 세금계산서 발행대상이 아니다. 단, 개인에게 지급하는 경우에는 영업권대가도 기타소득에 해당하므로 기타소득세를 원천징수해야 한다. 영업권금액은 양수도계약서에 표시된 금액으로 인식하면 된다. 영업권도 무형자산으로서 5년간에 걸쳐 경비처리해야 한다.

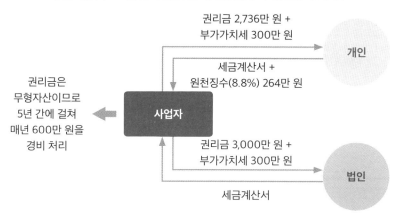

| 권리금(3,000만 원 가정)을 줄 때 원천징수와 필요경비 처리 |

권리금 2,736만 원 +
부가가치세 300만 원

개인

세금계산서 +
원천징수(8.8%) 264만 원

권리금은
무형자산이므로
5년 간에 걸쳐
매년 600만 원을
경비 처리

사업자

권리금 3,000만 원 +
부가가치세 300만 원

법인

세금계산서

▲ 권리금 지급액(3,000만 원)을 경비로 처리하기 위해서는 개인에게 지급하는 경우 권리금의 10%에 해당하는 부가가치세(300만 원)를 따로 지급하고 세금계산서를 받아야 한다. 또한 권리금 금액에 대한 기타소득세(지방소득세 포함 8.8%)를 원천징수한 나머지 금액(2,736만 원)을 지급하고 국세청에 지급명세서를 제출해야 한다.

법인에게 지급하는 경우에는 원천징수없이 부가가치세를 따로 지급하고 세금계산서만 받으면 된다. 지급한 부가가치세는 부가가치세 신고때 매입세액으로 공제받으면 된다(면세사업자는 부가세공제가 안되므로 권리금 금액에 포함시켜 5년간 나누어 경비처리해야 한다).

잠깐!

포괄양수도계약이란?

포괄양수도계약이란 사업의 동일성을 그대로 유지하면서 사업자만 바뀌는 것을 말한다. 따라서 사업용자산 등 물적자원은 물론 근로자 등 인적자원을 포함해서 사업체의 모든 권리와 의무를 포괄적으로 이전하는 것을 말한다. 한 마디로 주인만 바뀔 뿐, 사업체는 그대로인 셈이다.

포괄양도는 사업을 그대로 이전하는 것으로서 새로운 부가가치 창출이 없는 것이므로 부가가치세법상 재화의 공급으로 보지 않는다(만약 양도자가 부가가치세를 징수해서 내더라도 양수자가 같은 금액의 매입세액을 공제받을 것이므로 국가에서는 아무런 실익이 없기 때문이다). 따라서 세금계산서를 발행할 필요가 없으며 부가가치세를 납부하지 않아도 된다.

07

이익이 안나도 회계와
세금신고는 해야 한다

☑ 회계상 이익과 소득은 다르다

사업의 성과를 따져보기 위해서는 반드시 회계를 해야 한다. 사업체의 자산과 부채는 거래를 통해 매일 변동하는데, 가장 큰 이유는 매출과 매입 등 영업활동 때문이다. 이런 손익거래를 **복식부기**라는 방법으로 기록하고 정리하는 것이 회계다. 회계결과로 만들어진 재무제표(손익계산서와 재무상태표)는 사업체가 금융회사로부터 돈을 빌릴 때 대출가능금액과 금리산정 등 신용평가의 기초가 된다. 또한 사업체의 성과에 대해 개인사업자는 종합소득세, 법인사업자는 법인세를 각각 신고해야 하는데, 이 경우 사업체의 소득을 정확히 계산하기 위해서도 회계를 해야 한다.

복식부기가 뭔가요?

세법에서는 법인과 개인사업자 중 매출이 일정규모를 넘는 사업자를 복식부기 기장의무자로 정하고 있다. **복식부기**란 거래를 원인·결과에 따라 이중으로 기록하는 방법을 말한다. 회계프로그램을 통해 거래자료를 입력하는 것을 분개라고 한다. 분개란 거래를 차변요소와 대변요소로 나누어 입력하는 것을 말한다. 차변과 대변은 단지 하나의 거래를 원인·결과에 따라 이중으로 기록하기 위해 나눈 것으로서 특별한 의미가 있는 것은 아니다.

이렇게 하나의 거래를 차변과 대변으로 나누어서 이중으로 적는 것을 복식부기라고 한다. 예를 들어, 매출을 하면 매출수익이 발생함과 동시에 사업체의 자산이 증가하므로 차변에는 증가한 자산(현금 또는 예금)을, 대변에는 동일한 금액의 수익(매출)을 입력하는 것이다. 회계프로그램을 사용할 경우 사업체의 거래는 동일한 거래가 매월 반복되는 것이므로 한달치 거래자료의 입력만 숙달되면 그 다음부터는 복사해서 붙이고 날짜와 금액만 수정하면 된다.

회계에서는 손익계산을 발생주의라는 방법으로 하는데, **발생주의**란 수익과 비용을 현금의 수입이나 지출과는 상관없이 그 발생시점에서 기록하는 방법을 말한다. 예를 들어, 거래처에 상품·제품을 납품하거나 고객이 카드결제를 했다면, 비록 현금수입은 없었지만 수익이 발생한 것이므로 그 발생시점에서 매출로 기록한다. 정기예금의 경우 매년 이자가 발생하지만 만기 전이라서 아직 이자를 못받았다고 하더라도 기간 경과에 따라 매년 발생한 만큼 이자수익으로 기록한다.

비용도 마찬가지다. 아직 지급하지 않았거나, 이미 지급했더라도 철저하게 1년 동안 발생된 금액만 비용으로 본다. 퇴직금을 아직 지급하지 않았더라도 시간이 지나면서 매년 퇴직금비용이 발생하는 것이므로 이를 비용으로 처리해야 한다. 감가상각비도 발생주의의 산물로서 이미 지출한 자산취득금액을 사용기간에 걸쳐서 나누어 비용처리하는 것은 매년 사용한 만큼 비용이 발생하기 때문이다. 거래처로부터 받을 돈, 즉 채권을 받지 못하고 떼이는 것을 **대손**이라고 하는데, 대손비용도 매년 추산해서 비용으로 처리해야 한다 (이를 **대손충당금**이라고 한다). 이렇게 발생주의로 손익계산을 해서 나온 성과수치가 순이익이다.

그러나 소득세와 법인세는 소득에 매기는 것인데, 소득은 순이익과 다르다. 그 이유는 세법은 소득을 발생주의로 계산하지 않기 때문이다. 세법상 손익계산은 **권리의무확정주의**에 따라 수익은 받을 권리가 확정된 시점, 비용은 지급할 의무가 확정된 시점에 귀속시킨다. 그 이유는 세금은 돈으로 내야 하므로 확정되지 않은 것을 기준으로 소득을 계산하면 안 되기 때문이다.

하지만 대부분의 손익은 발생과 함께 받을 권리와 지급의무가 확정되므로 큰 차이는 없다. 앞에서 예를 든 미수이자와 퇴직금비용 및 대손충당금처럼 확정되지 않은 비용을 빼고는 매출채권이든 감가상각비든 모두 확정된 손익이기 때문이다.

또 다른 이유는 세법에서는 사업체의 비용을 규제하기 때문이다. 비용은 반드시 사업과 관련된 것이어야 하며 관련 증빙도 반드시 있어야 한다. 만약 그렇지 않은 비용이 있다면 세법에서는 이를 인정하지 않는다(세무조정을 할 때 이를 필요경비불산입(개인), 또는 손금불산입(법인)이라고 한다). 세법에서는 법인의 비용을 손금이라고 하는데, 이 책에서는 개인과 마찬가지로 (필요)경비라고 표현하기로 한다.

따라서 회계결과로 나온 순이익을 세법기준으로 수정해야 하는데, 이를 **세무조정**이라고 한다. 그러나 대부분의 소규모사업자들은 세무조정할 내용이 아예 없거나 많지 않다. 그 이유는 회계사무소에서는 회계를 아예 세법기준으로 하기 때문이다. 미확정비용인 충당금비용을 아예 반영하지 않으면 세무조정할 일이 없어진다. 또한 세법상 문제가 될만한 증빙없는 비용이나 범칙금, 사적인 비용을 아예 비용으로 처리하지 않으면 순이익과 소득금액이 다를 이유가 없다.

| 회계상 이익과 세법상 소득의 차이 |

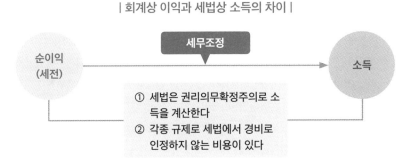

사업체에서 1년 동안 발생한 모든 거래를 회계처리해서 수익에서 비용을 차감하면 세전순이익이 계산된다. 이는 소득세나 법인세를 차감하기 전의 이익이다. 그런데 이익은 소득세를 매기는 기준이 아니다. 소득세는 글자 그대로 사업자의 소득(법인세는 법인의 소득)에 매겨지는 것인데, 이익과 소득은 두 가지 면에서 차이가 있다.

첫 번째는 수익·비용을 잡는 시점의 차이인데, 회계는 발생기준으로 수익·비용을 인식하지만 세법에서는 **권리의무확정주의**라고 해서 받을 권리와 지급할 의무가 확정된 것만 수익·비용으로 본다. 세금은 돈으로 내야 하는 것이므로 아직 확정이 안 된 것(선급비용·미수수익이나 충당금비용 등)을 손익계산에 포함시키면 안 되기 때문이다.

두 번째 이유는 세법에 규정된 여러 가지 규제 때문에 비용을 지출해도 경비로 인정되지 않는 항목이 있기 때문이다. 사업과 관련없는 사적인 비용, 업무추진비 과다사용액, 법 위반에 따른 각종 범칙금, 증빙이 없는 비용 등이 이에 해당한다.

이런 이유 때문에 회계결과 산출된 이익금액을 소득금액으로 고치는 수정작업을 해야 하는데, 이를 **세무조정**이라고 한다. 특히 회계상 비용과 세법에서 인정하는 비용은 다를 수 있는데, 세법에서 인정하는 비용을 경비라고 한다. 즉, 소득은 수입금액에서 경비를 차감한 것을 말한다. 예를 들어 세전순이익이 2,000만 원인데, 미확정비용 500만 원과 범칙금 50만 원, 업무추진비 과다사용액이 550만 원이라면 이 사업체의 소득은 3,100만 원(= 2,000만 원 + 500만 원 + 50만 원 + 550만 원)으로 계산된다. 세법에서 경비로 인정하지 않는 비용만큼 세전순이익금액에 더해주는 것이다.

이렇게 수정해준 대가로 받는 것이 세무조정보수인데, 사실 개인사업자나 소규모법인은 세무조정사항이 거의 없다. 그렇다고 해도 신고를 대신 해준 것에 대한 신고대리보수가 포함된 것이라고 생각하면 된다. 세무조정보수는 공인중개사의 중개수수료처럼 정해진 요율표가 있어서 사업체의 매출에 비례해서 청구된다. 매출이 1억 원 이내이면 35(개인)~50만 원(법인), 5억 원이면 60~80만 원, 10억 원이면 120~150만 원 정도인데, 세무사 사무실마다 차이가 있으며 경쟁이 워낙 심하다보니 정해진 요율대로 받기보다는 보통 약간의 가격조정이 이루어진다.

☑ 세무조정을 반드시 세무사로부터 받아야 하는지?

원래 모든 세금신고는 납세자가 스스로 하는 것이다. 하지만 사업자들이 회계와 세법을 모르기 때문에 할 수 없이 비용을 지급하고 외부에 위탁하는 것이다. 만약 사업자 스스로 할 수 있다면 사업체가 직접 기장하고 세무조정하더라도 문제가 없는데 이를 **자기조정**이라고 한다. 사실 개인사업자나 소규모법인은 세무조정사항이 아예 없거나(이런 경우에는 손익계산서의 세전순이익과 과세표준이 일치하므로 이를 기준으로 소득세를 계산하면 된다) 매우 적기 때문에 직접 하는 것도 어렵지 않은데, 장부기장을 맡기다보니 세무조정과 신고가 자연스럽게 같이 맡겨지는 상황이라고 보면 된다. 즉, 자기조정을 하려면 사업체가 스스로 기장을 해야만 한다.

다만, 매출금액이 큰 사업체의 경우에는 내야 할 세금도 많을 것이므로 직접 신고하는 대신 외부전문가(회계사 또는 세무사)로부터 세무조정을 받아야 하며 이를 **외부조정**이라고 한다. 외부조정을 받아야 하는 사업자는 개인과 법인이 다른데, 직전연도의 수입금액이 다음에 해당하는 사업체는 비용이 들더라도 반드시 외부조정을 받아야 한다. 이런 경우 기장과 세무조정을 모두 위탁해도 되고, 기장은 스스로 하고 세무조정만 위탁해도 된다.

개인사업자
- 도·소매업 : 6억 원 이상
- 제조업 및 음식숙박업, 정보통신업, 금융보험업 : 3억 원 이상
- 부동산임대업, 교육서비스업, 보건업, 기타서비스업 : 1억 5천만 원 이상
- 복식부기기장의무자(업종별로 매출이 일정규모를 넘는 사업자를 말한다) 중 직전연도에 신규로 사업을 개시했거나 조세특례제한법에 따른 세금지원(세액공제, 세액감면 등)을 받은 사업자

법인사업자
- 70억 원 이상인 법인
- 3억 원 이상이면서 조세특례를 적용받는 법인
- 해당연도 말로부터 2년 이내에 설립된 법인으로 해당연도 수입금액이 3억 원 이상인 법인
- 직전연도의 법인세를 결정 또는 경정받은 법인

법인세와 소득세는 국세청이 세금을 결정해서 부과하는 것이 아니라 납세자가 자신이 내야 할 세금을 스스로 계산해서 신고하는 것이다. 그러나 사업자의 장부가 허위이거나 부실한 경우 국세청에서 법인세와 소득세를 직접 계산해서 부과하는데 이를 **결정**이라고 한다. 이와 달리 **경정**이란 국세청이 납세자가 신고한 소득과 세금에 누락이 있음을 발견한 경우 당초 신고한 금액을 바로잡아 추가로 부과하는 것을 말한다. 결정 또는 경정처분을 받은 납세자는 성실신고여부가 의심스러우므로 해당 처분을 받은 사업자는 다음 연도 법인세 신고시 반드시 외부조정을 받아야 한다.

☑ 사업적자도 포인트 적립이 되므로 이를 공제받아야 한다

사업초기 대부분의 사업자들은 소득이 없어 세금을 안 낼 것 같다는 생각에 "기장을 잠시 보류할까?"라는 생각을 한다. 어차피 사업초기라 매출이 적어 적자일 가능성이 높은데, 굳이 수수료를 주면서 기장을 할 필요는 없다고 생각하는 것이다. 어차피 낼 세금이 없으니 기장을 하지 않아도 가산세가 나올 것이 없다고 생각한다.

그런데 기장관련 가산세는 수입금액을 기준으로 하므로 낼 세금이 없어도 가산세가 부과된다. 매출액이 일정금액 이상인 복식부기 기장의무자가 장부를 작성하지 않을 경우에는 산출세액의 20%와 수입금액의 0.07% 중 큰 금액을 가산세로 내야 한다.

그럼에도 불구하고 사업초기에 매출이 적고 이익이 많지 않을 것이 분명하다면 기장을 안 할 수도 있다. 기장을 하지 않은 경우에는 단순(또는 기준)경비율 등 정부가 정한 방식에 따라 소득을 계산해서 소득세를 내면 된다. 다만, 기장을 하지 않은 경우에는 결손금에 대한 혜택이 사라진다는 점을 알고 있어야 한다.

결손금이란 사업소득이 음수(-)인 것을 말한다. 한마디로 필요경비가 수입금액보다 더 많아서 소득이 없는 경우다. 결손금에 대해서는 세법에서 두 가지 방법으로 혜택을 주는데, 사업자는 이 두 가지 중 하나를 선택할 수 있다.

첫째, 결손금을 내년 이후로 이월시키는 방법이다. 이를 **이월결손금공제**라고 하는데, 결손금을 이월시켜서 내년 이후 발생한 소득에서 공제받는 방법이다. 결손금을 포인트로 적립한다고 생각하면 된다. 예를 들어, 첫해에 결손금이 4,000만 원 발생했는데 다음 해에 사업소득이 1억 원이라면 다음해의 과세표준 계산시 이월결손금 4,000만 원을 차감해서 6,000만 원에 대해서만 세금을 내면 된다. 만약 그 다음 해에도 결손이라면 이월결손금을 계속 누적시켜서 언젠가 소득이 나오는 해에 공제받으면 된다. 단, 이월결손금의 공제 기한은 결손금이 발생한 해로부터 15년인데, 이 정도면 충분히 긴 기간이므로 포인트가 자동소멸될 가능성은 거의 없다.

둘째, 올해 발생한 결손금을 작년에 발생했던 것으로 간주하고 작년 소득세를 다시 계산하는 방법이다. 예를 들어 작년 소득이 1억 원이고 이에 대해 세금을 냈는데, 올해 결손금이 4,000만 원 발생했다면 작년 소득을 6,000만 원으로 수정해서 세금을 다시 계산하는 것이다. 결국 4,000만 원에 대해 작년에 과다납부했던 세금을 환급받는 것인데 이를 **결손금소급공제**라고 하며 별도로 환급신청을 해야 한다.

이월공제와 달리 소급공제는 작년도에 세금납부액이 있었을 때 가능하며 납부했던 금액을 한도로 환급받을 수 있다. 사업자는 두 가지 방식 중 하나를 선택할 수 있다. 앞서 언급한 조건만 충족되면 대부분의 사업자들은 미래로 이월시키는 것보다 소급하여 당장 환급받는 방식을 선호한다.

결손금에 대한 이런 혜택은 개인사업자와 법인 모두 동일하게 적용되는데, 결손금이 장부상으로 입증돼야 하므로 장부를 작성하지 않아 단순(또는 기준)경비율 등으로 추계신고한 경우에는 혜택을 받지 못한다.

따라서 사업초기 결손금이 비교적 클 것으로 예상한다면 반드시 기장을 해서 결손금을 공제받을 수 있도록 하는 것이 유리하고, 그렇지 않다면 결손금공제를 포기하고 기장을 잠시 보류하면 된다. 다만, 기장이 너무 어렵고 복잡하기 때문에 꼭 회계사무소에 맡겨야 한다고 생각할 필요는 없다.

요즘은 회계프로그램의 사용법이 매우 편한데다 사업초기에는 거래건수도 많지 않을 것이므로 배워서 사업자가 스스로 하는 것도 괜찮다. 사업의 모든 결과가 회계로 집약되기 때문에 회계작업을 통해 스스로 사업의 전체적인 윤곽을 잡거나 방향을 설정하는 것도 가능하고 항후 매출이 많아졌을 때 필요한 절세포인트도 직접 찾아 낼 수 있기 때문이다.

꼭 매일 매일 해야하는 것도 아니다. 매출과 매입을 항목별로 기록했다가 일주일 또는 한달 단위로 모아서 한꺼번에 처리하면 된다. 후일 사업이 번창해서 거래건수가 많아지고 바빠지면 그때 위탁해도 늦지 않다. 그때는 직접 안하고 맡기더라도 전체적인 윤곽을 이미 알기 때문에 사업흐름도 쉽게 파악할 수 있다.

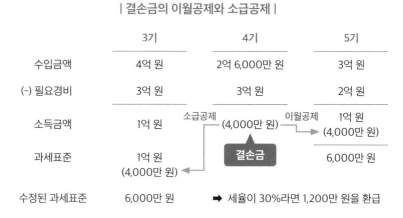

| 결손금의 이월공제와 소급공제 |

	3기	4기	5기
수입금액	4억 원	2억 6,000만 원	3억 원
(-) 필요경비	3억 원	3억 원	2억 원
소득금액	1억 원	소급공제 (4,000만 원) 이월공제	1억 원 (4,000만 원)
		결손금	
과세표준	1억 원 (4,000만 원)		6,000만 원
수정된 과세표준	6,000만 원	➡ 세율이 30%라면 1,200만 원을 환급	

▲ 4기에 발생한 결손금 4,000만 원을 다음연도로 넘겨서(5기에는 이를 이월결손금이라고 한다) 5기의 소득금액에서 공제받으면 5기의 소득은 당초 1억 원에서 6,000만 원으로 줄어든다. 또는 4기의 결손금을 3기의 소득에 소급해서 적용하면 3기의 과세표준이 1억 원에서 6,000만 원으로 감소하므로 3기에 과다납부했던 소득세를 환급받을 수 있다. 이월공제와 소급공제 중 자신에게 유리한 방법을 선택하면 된다.

08

회계를 안해도 세금은
얼마든지 계산할 수 있다

☑ 단순경비율과 기준경비율이란?

세금은 근거에 따라 내는 것이 원칙이다. 이를 **근거과세의 원칙**이라고 한다. 여기서 말하는 근거란 소득세와 법인세의 경우 각각 개인사업자와 법인이 실제 번 소득을 말하며 얼마나 소득이 발생했는지는 장부기장을 통해 알 수 있다.

소득은 수입금액에서 필요경비를 차감한 것이므로 사업을 위해 어떤 경비를 얼마나 썼는지를 쓸 때마다 기록(기장의 핵심은 지출증빙에 근거해서 비용을 처리하는 것이다)해야 소득금액을 계산할 수 있다.

문제는 사업체의 기장능력인데, 요즘은 기장을 위한 회계프로그램이 있어서 예전보다 많이 수월해진 것이 사실이다. 하지만 프로그램으로 쉽게 한다고 해도 자료입력을 위해서는 기본적인 회계원리를 알아야 한다. 결국 대부분의 사업자들은 스스로 기장을 포기하고 기장수수료를 지급하면서 외부에 위탁한다. 그러다보니 매출규모가 적은 사업체는 기장수수료가 내야 할 소득세보다 더 많은 경우도 있다. 한마디로 배보다 배꼽이 더 큰 기이한 일이 벌어지는 셈이다.

이런 어려움을 덜어주기 위해 매출이 적은 소규모사업체의 경우 기장을 하지 않고도 소득을 계산할 수 있게 만든 제도가 **단순경비율**과 **기준경비율** 제도이며 이렇게 정해진 경비율로 소득을 계산하는 방식을 **추계과세**(추계신고)라고 한다.

추계과세는 사업자의 소득을 개략적으로 어림잡아 계산한다는 의미로서 근거과세의 원칙에는 맞지 않는 제도지만, 규모가 작은 개인사업자의 납세비용을 줄여주기 위한 제도다. 따라서 법인에게는 추계과세가 적용되지 않으며 법인은 반드시 복식부기에 의한 장부(회계프로그램으로 작성하는 것을 복식부기장부라고 생각하면 된다)를 의무적으로 작성해야 한다.

개인사업자가 5월에 종합소득세를 신고할 때 단순경비율로 신고하려면 본인이 작년에 부가가치세를 신고했을 때의 수입금액을 불러온 다음, 여기에 미리 정해진 단순경비율을 곱하면 필요경비가 계산된다(홈택스에 로그인해서 신고화면으로 들어가면 자동으로 처리된다). 수입금액에서 자동으로 계산된 필요경비를 차감하면 소득금액이 계산된다. 예를 들어, 수입금액이 5,000만 원인 사업자의 단순경비율이 60%라면 소득금액은 필요경비 3,000만 원을 차감한 2,000만 원으로 계산된다. 이미 업종별로 정해진 단순경비율만큼 필요경비로 인정받는 것이므로 필요경비에 대한 증빙이 전혀 필요없다. 업종별 단순경비율은 국세청 홈페이지에서 조회할 수 있다.

다만, 단순경비율 제도가 간편하기는 하지만 증빙 등 근거없이 소득세를 계산하는 것이므로 적용대상이 매우 제한적이다. 직전연도 매출액이 다음 금액 미만일 때 장부없이 단순경비율로 신고할 수 있다. 한편, 신규사업자의 경우에는 전년도 수입금액이 없으므로 첫 해의 수입금액이 일정규모(복식부기장부를 작성해야 하는 대상으로 업종별로 정해진 매출액(117쪽 참조)을 말한다)를 초과하지 않으면 첫 해에 한해서 단순경비율로 추계신고가 가능하다.

업종	매출액(전년도 수입금액)
도·소매업	6,000만 원
제조·건설업, 음식숙박업, 금융보험업, 정보통신업	3,600만 원
부동산임대업, 사업서비스업, 교육서비스업, 보건의료업	2,400만 원

한편, 기준경비율 제도도 수입금액에 정해진 기준경비율을 곱하는 방식은 단순경비율 제도와 같다. 다만, 기준경비율은 단순경비율 적용대상이 아닌 사업자 즉, 매출액이 위의 금액 이상인 사업자

가 기장을 하지 않은 경우에 적용한다. 이때는 사업의 3대 주요경비인 매입비용, 임차료, 인건비에 대해서는 증빙을 갖추어 실제 지출한 금액으로 경비를 넣고 나머지 비용부분에 대해서만 정해진 기준경비율만큼 필요경비로 인정해준다. 즉, 사업규모가 아주 작지는 않으니 경비 중 큰 비중을 차지하는 3대 주요경비는 반드시 근거를 남기라는 뜻으로 기장과세와 추계과세를 혼합한 방식이라고 생각하면 된다.

따라서 기준경비율 적용 사업자는 3대 주요경비항목에 대해서는 반드시 지출에 따른 증빙을 받아야 경비처리가 가능하다. 예를 들어, 매출액이 2억 원인 소매업의 기준경비율이 10%일 경우 매입비용 1억 3,000만 원, 임차료 1,200만 원, 인건비 2,800만 원이고 관련 증빙을 모두 갖추었다면 소득은 1,000만 원(= 2억 원 - 1억 7,000만 원 - (2억 원 × 10%))으로 계산된다.

주의할 점은 직전연도 매출액이 다음 금액(이를 세법에서 일정규모라고 한다) 이상인 사업자가 기장을 하지 않아 기준경비율로 추계신고를 하면 상당한 불이익(기준경비율도 1/2만 적용하고 산출세액의 20%와 수입금액의 0.07% 중 큰 금액을 신고불성실가산세로 내야 한다)이 따른다는 것이다. 따라서 매출액이 일정규모를 넘어가면 무조건 복식부기에 의한 기장을 해야 한다.

| 업종별 일정규모의 기준 |

업종	매출액(전년도 수입금액)
도·소매업	3억 원
제조·건설업, 음식숙박업, 금융보험업, 정보통신업	1억 5,000만 원
부동산임대업, 사업서비스업, 교육서비스업, 보건의료업	7,500만 원

사업초기, 간단한 회계와
세금신고는 돈 들여 맡기지 말고
직접 하는 것도 좋다

☑ 슬기로운 홈택스 이용법

사업자라면 홈택스와 친숙해져야 한다. 지금은 모든 세무신고 가 전자방식으로 이루어지므로 굳이 세무서를 방문할 일이 전혀 없 다. 홈택스로 국세청의 신고안내를 받고 필요한 정보도 얻을 수 있 다면 신고기한을 놓치거나 잘못해서 가산세를 맞는 등의 세무위험 도 사라진다.

검색창에 홈택스라고 치면 바로 연결되는데, 홈택스를 이용하려 면 제일 먼저 공인인증서가 필요하다. 가장 많이 이용하는 것이 전 자세금계산서 발행이므로 이를 위해 세금계산서발급용 공인인증 서를 구매해야 한다. 처음에 한번 인증서를 등록하고 로그인하면 다음부터는 쉽게 로그인할 수 있다.

다양한 메뉴가 있지만 가장 많이 사용하는 것은 전자세금계산서 발행과 부가가치세 신고 등 세금신고관련 메뉴와 지급명세서제출관련 메뉴다. 사업자등록후 가장 먼저 해야 할 일은 사업자카드를 등록하는 일이다. 왼쪽 신용카드메뉴에서 사업용 신용카드등록으로 들어가면 되는데, 이곳에 앞으로 사업목적의 경비를 지출할 때 사용할 카드를 등록하면 된다. 이렇게 하면 해당 카드로 사업경비를 지출할 때 사용내역을 국세청과 공유하는 것이므로 관련증빙을 따로 보관할 필요가 없다. 법인인 경우에는 신용카드 자체가 법인카드이므로 따로 등록하지 않아도 된다.

홈택스 이용이 처음에는 어색하고 불편하지만 몇 번 사용하다 보면 오히려 손으로 작성하는 것보다 훨씬 편리하며 스스로 스마트해지는 느낌을 받을 수 있다. 작성이 어려우면 블로그에 나오는 작성 안내에 따라 해보면 된다. 신고서를 작성해서 제출하면 납부서가 자동으로 만들어지고 등록한 은행계좌로 전자고지서도 발부된다. 스마트폰에 설치된 거래 은행의 앱을 통해 납부기한에 맞춰 출금만 클릭하면 자동납부가 되니 매우 편리하다.

☑ 내가 직접 하는 회계가 더 좋은 이유

회계는 사업체에서 발생한 거래를 정리하는 것이므로 이를 통해 사업체에서 벌어진 모든 일들을 확인할 수 있다. 회계에서 가장 중요한 것은 정확성이다. 모든 거래가 누락없이 정확한 금액으로 정확한 과목으로 처리돼야 한다.

그럼에도 불구하고 거래 당사자인 사업체가 스스로 기장하지 않고 세무대리인에게 위탁하는 경우에는 정확성에 문제가 생길 수 있으며 때로는 잘못된 처리로 사업체가 피해를 보기도 한다. 매출과 매입거래처럼 전자세금계산서를 통해 회계처리하는 것은 어차피 전산으로 불러오는 것이므로 다른 사람이 입력해도 별 문제가 없다. 그러나 일반경비 지출거래와 자금거래는 각각 신용카드사용내역서와 입출금통장의 내역으로 일일이 거래를 추정해서 입력해야 한다.

카드명세서에 기록된 사용장소와 금액으로 적절한 계정과목을 유추해서 입력해야 한다는 뜻이다. 여기서 사적사용경비의 처리와 관련해서 문제가 발생할 수 있다. 병원비나 학원비, 피부관리비 등 사적사용경비는 사업과 전혀 관련없는 비용이므로 회계프로그램에 아에 입력하지 않는다. 물론 입력했다가 나중에 세무조정시에 걸러내는 방법도 가능하지만 번거로울 뿐만 아니라 개인적으로 쓴 돈이므로 사업체의 정확한 손익계산을 위해서도 처음부터 안 들어가는 것이 맞다.

그런데 카드사용처가 음식점이라면 이것이 과연 사적사용경비인지, 업무추진비인지, 복리후생비인지 카드를 사용한 사람이 아니면 알 수가 없다. 만약 사적사용경비로 짐작하고 입력하지 않은 항목이 거래처와 함께 식사한 것이라면 업무추진비로서 경비처리가 가능한 비용이 누락되는 셈이다. 나아가 직원들과 함께 식사한 것이라면 복리후생비에 해당함과 동시에 부가가치세까지도 환급받을 수 있는 것인데 모두 누락되는 것이다.

하지만 대부분 회계사무소에서 직원 1인당 담당하는 사업체가 최소 40~50여 개에 달하다보니 이런 건들을 일일이 확인하는 것은 불가능하다. 따라서 입력하는 직원의 임의적인 판단에 따라 사업관련 경비여부를 결정하고 처리하는 것이 일반적이다.

백화점에서 사용한 것도 마찬가지다. 이런 것을 대부분 개인적 비용으로 간주하고 제외시키는 것이 일반적인데, 만약 선물을 사서 거래처에 증정한 것이라면 업무추진비로 인정받을 수 있는 것이다. 결국 카드를 사용한 사람이 제일 정확히 아는 일을 다른 사람에게 맡기다보니 불가피하게 이런 오류가능성이 발생하게 된다.

입출금통장으로 거래를 정리하는 것은 더욱 힘들다. 무수히 많은 통장거래내역을 보고 이를 정확히 회계에 반영하는 것은 쉽지 않다. 게다가 통장에 찍히지 않은 현금으로 결제한 사업관련 비용이 있을 수도 있다.

따라서 회계는 사업주체가 직접 하는 것이 가장 바람직하다. 하지만 사정상 기장을 위탁한다고 하더라도 사업관련 비용을 누락시키지 않으려면 사업자가 카드사용내역을 건별로 구체적으로 알려주고 통장거래의 경우도 상세한 거래내용을 기재해줘야 한다. 결국 위탁기장을 하더라도 잘못된 회계처리로 피해를 보지 않기 위해서는 무조건 던져주기보다는 지출 당사자인 사업자의 노력과 협력이 반드시 필요하다.

주요경비(비용)항목을
알아두고 관리하자

☑ 매입원가와 매출원가를 구별하라

사업체의 비용 중 대부분을 차지하는 3대 핵심비용은 매출원가와 인건비 및 임차료다. 재고자산은 판매하기 위한 자산이므로 도·소매업이나 제조업에서는 핵심적인 사업자산이다. 도·소매업은 상품을 매입해서 그대로 판매하는 것이므로 상품이 유일한 재고자산이다. 그러나 제조업은 원재료를 매입해서 제품으로 만들어 판매하므로 원재료, 재공품, 제품 등 다양한 재고자산을 갖고 있다.

손익계산서의 **매출원가**란 글자 그대로 당기중에 매입(제조)된 재고자산 중에서 매출된 상품(제품)의 원가라는 뜻이다. 아직 팔리지 않고 창고나 매장에 남아있는 기말재고자산은 비록 돈을 지출했지만 아직 판매된 것이 아니므로 매출원가라는 비용에서 제외된다. 원재료나 식자재도 사용하지 않은 금액은 자산으로서 비용에서 제외된다.

사업체에서는 1년 동안 수많은 매입·매출이 반복되는데, 같은 상품·제품일지라도 매입(제조)시점마다 각각 매입(제조)단가가 다르다. 그런데 매출에 따른 이익을 계산하기 위해서 매출할 때마다 일일이 해당 상품의 매입(제조)원가를 식별한다는 것은 거의 불가능하다.

따라서 판매할 때마다 건별로 매출원가를 확인하는 대신, 연말 결산시 기말재고액을 파악해서 거꾸로 매출원가를 산출하는 방법을 쓴다. 즉, 기초재고자산과 당기중 매입(제조)원가를 더한 총재고금액에서 기말 현재 팔리지 않고 남아있는 재고자산금액을 차감하

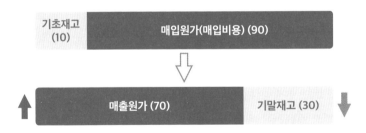

| 기말재고자산과 매출원가의 상관관계 |

기초재고
(10)
매입원가(매입비용) (90)

매출원가 (70) 기말재고 (30)

▲ 전체 매입재고 중 기말재고를 얼마로 보는가에 따라 당기의 매출원가(회계상 비용)가 달라지고 이에 따라 소득금액도 달라진다. 결산시 기말재고를 실제보다 축소하면 상대적으로 매출원가가 많아져 소득이 줄고, 이에 따라 소득세도 적어지므로 국세청에서는 전산으로 매출액에 대한 매출원가의 비율(매출원가율이라고 한다)을 연도별로 비교하거나 동종업계 평균값과 비교해서 지나치게 높을 경우 소명요구서를 보내기도 한다.

면 매출원가가 자동으로 계산된다.

그러므로 기말재고를 과대평가하면 매출원가는 상대적으로 적어져 이익이 늘어나고, 반대로 기말재고를 과소평가하면 매출원가는 상대적으로 많아져 이익이 줄어든다. 즉, 기말재고자산을 어떻게 평가하느냐에 따라 재무상태표의 자산가액은 물론 당기손익도 달라지기 때문에 이익성과를 계산할 때 재고자산의 정확한 평가가 매우 중요하다.

 매입원가와 제조원가

도·소매업 등 유통업은 직접 생산을 하지 않고 제조업체로부터 물건을 매입해서 매입한 원가에 마진을 붙여 파는데, 이 경우 매입한 재고를 상품이라고 하며 매입한 금액을 매입원가 또는 매입비용이라고 한다. 매입원가는 상품 매입시점에서 사온 금액으로 확정된다.

매입원가(매입비용)와 매출원가를 혼동하면 안 된다. 매입을 했다고 그 해에 전부 다 팔리는 것은 아니며 연말에는 항상 팔지 못한 재고가 남는데, 재고는 돈을 지출했지만 아직 팔지 못해 비용이 발생하지 않은 것으로서 비용확정이 안된 것이다. 즉, 돈은 나갔지만 팔리기 전에는 비용처리를 못하는 셈이다. 다만, 매입을 한 것이므로 매입 당시 부담한 부가가치세 매입세액을 공제받을 수는 있다.

한편, 제조업은 제품을 직접 생산하는데, 제품생산에 들어간 원가를 제조원가라고 한다. 제조업도 원재료는 매입을 해야 하므로 매입원가가 발생하는데, 사용된 재료비에 가공비(노무비와 경비)를 추가해서 직접 생산하는 것이므로 원가계산을 해야 제조원가를 알 수 있다. 건설업도 원가계산을 통해 공사원가나 분양원가를 산출하는데, 제품생산이나 공사에 들어간 원가내역을 보여주는 것을 원가명세서라고 한다.

☑ 인건비에는 여러가지가 포함된다

● 급여

사업체의 경비처리 중 제일 힘든 부분이 급여다. 다른 경비는 지출에 따른 증빙만 받으면 되는데, 급여는 지출증빙 대신 소득세와 공적보험료를 **원천징수**해야 하기 때문이다. 하지만 근로자에게는 매월 일정한 금액을 지급하고 이에 따라 원천징수하는 금액도 매월 동일하기 때문에 연초에 정확히 계산해서 한 번 설정해두면 다음 달부터는 같은 금액이 반복되는 것이므로 비교적 간편하다.

근로자에게 지급한 급여와 퇴직급여, 복리후생비를 모두 포함해서 인건비라고 한다. 급여는 매월 정기적으로 지급하는 것으로 소득세와 3가지 공적보험료(국민·건강·고용보험료)를 원천징수해야 한다. 사업을 처음으로 시작하는 경우에는 국세청의 사업자등록내용이 국민건강보험공단으로 통보되어 가입안내문이 오는데, 이에 따라 4대보험 포털사이트(www.4insure.or.kr)에서 필요한 내용을 신고하면 된다.

소득세는 매월 급여를 지급할 때마다 국세청의 간이세액표에 따라 급여구간별로 정해진 금액을 떼면 되고, 다음 해 2월에 연말정산을 해서 근로소득 지급명세서를 제출하면 된다. 연말정산은 국세청 홈택스에서 하면 되는데 근로자 숫자가 많지 않으면 어렵지 않게 할 수 있다.

국민연금과 건강보험료는 근로자별로 월보수금액(연간 총급여에서 비과세식대 240만 원을 차감한 것)에 정해진 요율을 곱해서 산정하면 된다. 사업체에서는 사업소득세와 공적보험료 원천징수액을 다음 달 10일 각각 세무서와 국민건강보험공단(국민연금보험료를 포함한 모든 공적보험료를 국민건강보험공단에서 통합하여 징수한다)에 납부하게 되는데, 사전에 등록한 사업체의 예금계좌에서 자동으로 출금된다. 매년 3월에 근로자별로 전년도의 보수총액을 신고하면 이에 따라 매월 10일에 보험료가 이와 같이 자동으로 출금된다. 공단에서는 신고된 보수총액으로 보험료를 부과한 뒤, 다음해 3월 10일까지 전년도의 정확한 보수총액을 신고받아 이듬해 4월에 정산한다.

그런데 공적보험료의 경우 급여에서 원천징수한 근로자부담액과 동일한 금액을 사업체에서 부담해야 하므로 그 금액을 복리후생비(건강보험료) 또는 세금과공과(국민연금보험료)로 처리해야 한다. 이 경우 소규모사업자의 부담을 덜어주기 위한 제도가 두루누리 지원제도인데, 근로자수가 10명 미만인 사업체로서 급여가 260만 원 미만인 근로자가 지원대상이다. 조건이 충족되면 사업주가 부담하는 금액과 근로자가 부담하는 금액 모두에 대해 내야 할 국민연금과 고용보험료의 80%를 지원받을 수 있다. 신청방법 등 자세한 내용은 두루누리 사회보험사이트(www.insurancesupport.or.kr)을 참조하면 된다.

한편, 근로자수가 20인 미만인 소규모사업장의 경우 원천징수한 소득세를 6개월 단위로 모아서 낼 수 있는데, 이를 **반기납부**라고 한다. 이렇게 반기별로 납부하려고 하면 홈택스에서 반기납부신청서를 미리 제출해야 한다.

● 복리후생비

급여 이외에 근로자의 복지후생을 위해 지출한 것이다. 주로 회식비나 점심식사 제공, 명절선물이나 휴가비, 경조비 등이 포함된다. 주의할 점은 1인 법인의 경우 대표자도 급여를 받는 근로자이지만, 본인을 위한 복리후생비는 건강보험료 부담액을 제외하고는 인정되지 않는다는 것이다.

● 퇴직급여

근로자가 퇴사할 경우 지급한 퇴직금 또는 확정기여(DC)형 퇴직연금에 가입한 근로자에게 매년 지급한 퇴직연금부담금을 말한다. 법인대표는 가능하지만 개인사업자는 퇴직금 지급대상이 아니므로 처리할 수 없다.

그런데 퇴직금과 관련된 민원과 분쟁이 많이 발생하므로 근로자를 채용할 때는 반드시 고용계약서를 작성해야 하며 여기에 급여와 퇴직금조건이 명시돼야 한다. 주의할 점은 연봉계약 시 연봉 안에 퇴직금을 포함시킬 경우 고용노동부에서는 이를 인정하지 않으므로 해당 근로자가 퇴직할 때는 퇴직금을 따로 지급해야 한다. 따라서 퇴직금을 별도로 정하되 법정 퇴직금기준인 〈퇴직 전 3개월간 월평균급여 × 근속연수〉로 정해 두어야 한다.

☑ 임차료

사업장이 자기 건물이 아닌 경우 건물주에게 매월 사용료를 지급하게 되는데 이를 임차료라고 한다. 건물주의 입장에서는 임대료인 셈이다. 임차료도 인건비 못지 않게 그 부담이 만만치 않다. 임대차계약을 체결하고 매월 정해진 날에 건물주에게 자동으로 이체되는데, 건물주로부터는 지출증빙으로 세금계산서를 받아야 한다.

부동산임대업은 대부분 일반과세자이므로 임대인이 세금계산서를 발행하지만 만약 임대인이 간이과세자라서 세금계산서를 발행하지 못한다면 은행송금내역을 기재한 **경비 등 송금명세서**를 제출하면 된다.

사업내용이나 초기 사업규모에 비추어볼 때 사업장 임차가 꼭 필요한 경우가 아니라면 사업장을 반드시 임차할 필요는 없다. 고객을 직접 맞이하는 업종이 아니라면 홈오피스도 얼마든지 가능하며 법인도 마찬가지다. 특히 요즘은 비대면으로 할 수 있는 사업이 많아 예전처럼 사업장 임차가 필수는 아니다. 따라서 사업장을 집으로 해도 아무 상관없으며 꼭 필요하다면 처음에는 경비절감을 위해 저렴한 공유오피스를 사용하는 것도 좋다. 처음부터 무리하게 넓은 사업장을 갖추기보다는 불필요한 고정경비를 최대한 줄이는 것이 바람직하다.

☑ 사업주의 노동도 보상이 필요하다

개인사업체의 손익계산서에 표시되는 급여 등 인건비는 사업주를 제외한 근로자에게 지급한 것이다. 사업주는 근로자가 아니므로 인건비를 비용으로 처리할 수 없다. 결국 손익계산서의 마지막에 표시된 순이익이 사업자의 몫으로 사실상 사업자의 급여인 셈이다. 물론 이 순이익에 대해서는 사업자가 종합소득세를 내야 한다.

법인의 경우에는 대표도 근로자이므로 본인의 급여를 비용으로 처리할 수 있다. 따라서 법인세를 차감한 당기순이익은 법인의 주인인 주주 몫이다. 이런 점에서 개인사업자가 손익계산서의 순이익을 볼 때는 자신의 인건비를 감안해서 볼 필요가 있다. 순이익이 발생했다고 해서 만족할 것이 아니라 그 금액을 통해 자신의 인건비가 충분히 나왔는지 확인해야 한다. 본인의 인건비를 연간 5,000만 원으로 본다면 최소한 순이익이 그 금액 이상으로 나와야 하는 것이다.

☑ 회수해야 할 돈, 감가상각비를 잊지 마라

사업자가 놓치는 또 하나의 비용이 감가상각비다. 사업에는 시설투자가 필요한데, 이에 들어간 돈을 매년 비용으로 나누어 처리하는 것이 감가상각비다. 예를 들면 사업초기에 들어간 비품구입비용이나 인테리어비용이 많은데, 이는 모두 사업을 통한 이익으로 회수해야 할 돈이다. 권리금도 마찬가지다.

이런 시설투자비용과 권리금의 수익제공기간을 세법에서는 5년으로 본다. 따라서 비품구입과 인테리어비용을 합쳐 1억 원을 지출한 경우 회계에서는 유형자산으로 처리하지만, 매년 1/5인 2,000만 원의 숨은 비용이 존재한다고 봐야 한다. 숨어있다는 표현은 투자지출이 발생한 이후에는 지출되는 것이 없지만 과거 투자지출시점에서 이미 써버린 돈이므로 사업이익을 통해 이를 회수해야 한다는 의미다.

예를 들어, 앞의 사례에서 사업자가 1년간 사업한 결과 돈을 5,000만 원 벌었다고 하더라도 감가상각비 2,000만 원을 감안하면 실제로 번 것은 3,000만 원인 셈이다. 2,000만 원을 사업초기에 이미 써버렸기 때문이다. 그런데 대부분 사업자들은 투자지출 이후에는 돈이 나가지 않다보니 이 비용을 잊어버리고 생각하지 못하는 경우가 많다. 따라서 비록 투자지출 이후 돈이 나가지 않더라도 매년 2,000만 원의 비용을 반영해서 손익계산을 해야 한다.

세무적으로도 감가상각비는 경비로 인정되기 때문에 빠뜨리지 말고 넣는 것이 좋지만, 사업자의 마음속에 항상 감가상각비를 회수해야 할 돈으로 기억하고 있어야 한다.

☑ 기타비용의 의미를 제대로 알고 처리하자

● 여비교통비

임직원이 업무와 관련하여 국내·외로 출장을 가는 경우 사용한 경비다. 업무관련성이 있어야 하므로 출장자와 출장목적 등이 기재된 내부결재문서가 있어야 하며 관련 법정증빙도 갖추어야 한다. 단, 해외출장인 경우는 법정증빙(세금계산서·신용카드전표·현금영수증) 대신 현지영수증으로 갈음(대체)할 수 있다.

● 차량유지비

법인이나 사업자 소유의 차량을 유지하는데 사용한 경비로서 유류비용, 수선비용 등을 포함한다. 차량관련비용 중 자동차세는 세금과공과로 자동차보험료는 보험료라는 과목으로 처리한다. 승용차인 경우 매출액이 일정규모를 넘는 복식부기 기장의무자와 법인은 감가상각비를 포함해서 차량관련 비용이 연간 1,500만 원을 넘을 경우 별도로 운행기록부를 작성해야 차량관련비용을 경비로 인정받을 수 있다. 나아가 법인소유 승용차의 사적사용을 억제하기 위해 법인은 승용차 취득가액이 8,000만 원을 초과하는 경우 전용번호판(연두색)을 부착해야만 승용차관련 비용을 경비로 인정받을 수 있다.

● 통신비

사업장의 전화요금과 법인명의의 핸드폰이나 사업자의 핸드폰

요금으로 지출한 금액이다. 핸드폰은 개인적으로도 사용하지만 사업자나 법인대표의 경우 영업목적으로도 많이 사용하므로 사업체의 규정을 만들어두고 그 요금의 일부를 경비로 처리할 수 있다. 다만, 법인의 경우에는 전액 경비처리를 위해 핸드폰을 법인명의로 취득하는 것이 무난하다.

● 소모품비

복사지나 사무용품 등 1년이내에 소모될 것들과 100만 원 미만인 저가의 비품을 구입하는데 사용한 경비다.

● 업무추진비

사업과 관련하여, 특히 영업을 위해 접대, 교제, 사례 등의 명목으로 거래처나 고객에게 지출한 금액이다.

● 광고선전비

상품이나 제품의 광고선전이나 사업체 홍보를 위한 전단지 제작비용 등을 말한다.

● 지급수수료

제품을 위탁판매하거나 중개인 또는 대리점 등을 통해 판매하는 경우 판매알선의 대가로 지급한 금액이나 세무사 사무실에 지급한 위탁기장수수료와 세무조정보수 등 각종 서비스에 대한 수수료비용을 처리하는 과목이다.

● 세금과공과

재산세와 자동차세 및 등록면허세 등 지방자치단체에 납부하는 각종 세금 및 상공회의소회비나 조합·협회비, 국민연금보험료의 사업체부담금 등 각종 부담금을 말한다. 단, 소득세에 따라 붙는 지방소득세는 각각 소득세와 법인세비용에 포함되므로 여기에는 포함되지 않는다. 또한 범칙금, 과태료, 가산금, 가산세 등 법을 위반해서 내는 페널티 성격의 공과금은 경비로 인정하지 않으므로 포함시키면 안된다.

● 보험료

재난에 대한 위험보장을 위해서 사업용자산(차량, 건물, 재고자산 등)에 대해 손해보험에 가입하고 지출한 보험료를 말한다. 생명보험의 보험료는 사업관련비용이 아니므로 경비로 처리할 수 없다. 다만, 법인대표의 종신보험을 가입할 때 법인을 계약자와 수익자로 정하고 피보험자만 대표로 정한 경우에는 보장부분의 소멸성보험료를 경비로 처리(적립부분은 법인의 자산으로 처리한다)할 수 있다.

● 대손상각비

매출채권·미수금·대여금 등 받을 채권에 대해 회수가 불가능한 경우 해당 채권을 장부에서 제거한 금액을 말한다. 단, 세법에서 열거한 회수가 불가능한 구체적인 사유에 해당하고 관련 증빙이 있어야 경비로 인정받을 수 있다.

● 이자비용

은행으로부터 빌린 차입금에 대해 지급한 이자지급액을 말한다. 차입금의 이자는 전액 경비로 인정하지만, 법인의 경우 업무무관자산(비업무용부동산 및 대표자 가지급금)이 있는 경우 해당금액에 대한 이자를 경비로 인정하지 않는다.

● 기부금

영업활동과 관련없이 공익을 목적으로 정부나 각종 기부금단체에 무상으로 제공된 금품의 가액을 말한다. 공익성 단체가 아닌 사적단체(종친회, 향우회, 동창회 등)에 대한 기부금은 경비로 인정하지 않는다.

☑ 매출과 주요경비를 나름대로 정리하자

장부작성이 어려워 위탁기장을 하더라도 사업자는 항상 사업의 전체적인 상황을 파악하고 윤곽을 그리고 있어야 한다. 이를 위해 최소한 매월 단위로 매출액과 주요 경비지출금액을 나름대로 정리하는 습관을 가지는 것이 좋다.

그렇게 어려운 일도 아니다. 매일매일 가계부 쓰듯이 그날의 매출과 큰 지출만 적어두면 된다. 노트나 컴퓨터에 기록해도 되지만 요즘은 좋은 모바일앱도 많으니 앱을 설치해서 스마트폰에 입력해도 된다.

사실 개인사업체의 사업경비 중 주요경비는 많지 않다. 임차료와 인건비 금액이 크지만 매월 거의 일정한 금액으로 발생한다. 따라서 그때그때 정리할 주된 항목은 매출과 각종 매입비용이 될텐데, 부가가치세를 제외한 매출과 비용을 적어두면 부가가치세는 10%이므로 자동으로 확인된다.

이렇게 기록하면 매월 단위로 사업상황을 체크할 수 있고 소득세 신고시 만들어진 손익계산서의 수치와 비교해서 잘못된 부분도 찾아낼 수 있다. "맡겼으니 잘 하겠지?"라고 생각할 수도 있지만 회계사무소에서 직원 1인당 처리하는 사업체의 수가 워낙 많기에 일을 하다보면 누락이나 실수가 있을 수도 있다.

특히 사업체와 관련된 중요한 숫자를 누구보다도 사업자나 대표 본인이 알아야 하는데, "나는 잘 모르겠으니까 그냥 알아서 해달라"는 식으로 맡기기만 하는 것은 결코 바람직하지 않다. 서비스를 제공하는 회계사무소의 입장에서도 무관심한 사업자와 꼼꼼하게 챙기는 사업자 중 후자에 더 신경이 쓰이고 관심을 둘 수밖에 없다. 나아가 항후 사업규모가 커질 경우에 대비해서라도 반드시 이런 관리습관을 들이는 것이 좋다.

표준손익계산서

단위: 원

상　　호		사업자등록번호		과세기간	.　.　부터 .　.　까지

계　정　과　목	코드	금　　액	계　정　과　목	코드	금　　액
Ⅰ. 매출액	01	：　：　：	9. 가스·수도비	30	：　：　：
1. 상품매출	02	：　：　：	10. 유류비	31	：　：　：
2. 제품매출	03	：　：　：	11. 보험료	32	：　：　：
3. 공사수입	04	：　：　：	12. 리스료	33	：　：　：
4. 분양수입	05	：　：　：	13. 세금과공과	34	：　：　：
5. 임대수입	06	：　：　：	14. 감가상각비	35	：　：　：
6. 서비스수입	07	：　：　：	15. 무형자산상각비	36	：　：　：
7. 기타	08	：　：　：	16. 수선비	37	：　：　：
Ⅱ. 매출원가	09	：　：　：	17. 건물관리비	38	：　：　：
1. 상품매출원가 (①+②-③-④)	10	：　：　：	18. 업무추진비 (①+②)	39	：　：　：
① 기초재고액	11	：　：　：	① 해외접대비	40	：　：　：
② 당기매입액	12	：　：　：	② 국내접대비	41	：　：　：
③ 기말재고액	13	：　：　：	19. 광고선전비	42	：　：　：
④ 타계정대체액	14	：　：　：	20. 도서인쇄비	43	：　：　：
2. 제조·공사·분양·기타원가	15	：　：　：	21. 운반비	44	：　：　：
① 기초재고액	16	：　：　：	22. 차량유지비	45	：　：　：
② 당기총원가	17	：　：　：	23. 교육훈련비	46	：　：　：
③ 기말재고액	18	：　：　：	24. 지급수수료	47	：　：　：
④ 타계정대체액	19	：　：　：	25. 판매수수료	48	：　：　：
Ⅲ. 매출총이익 (Ⅰ-Ⅱ)	20	：　：　：	26. 대손상각비 (충당금 전입·환입액 포함)	49	：　：　：
Ⅳ. 판매비와 관리비	21	：　：　：	27. 경상개발비	50	：　：　：
1. 급여와 임금·제수당	22	：　：　：	28. 소모품비	51	：　：　：
2. 일용급여	23	：　：　：	29. 의약품비	52	：　：　：
3. 퇴직급여 (충당부채 전입·환입액 포함)	24	：　：　：	30. 의료소모품비	53	：　：　：
4. 복리후생비	25	：　：　：	31. 경영위탁수수료 (프랜차이즈 수수료 포함)	54	：　：　：
5. 여비교통비	26	：　：　：	32. 외주용역비	55	：　：　：
6. 임차료	27	：　：　：	33. 인적용역비	56	：　：　：
7. 통신비	28	：　：　：	34. 기타 소계 (①+②+③+④)	57	：　：　：
8. 전력비	29	：　：　：	①	58	：　：　：

210mm×297mm[백상지 80g/㎡(재활용품)]

표준손익계산서

단위: 원

| 상 호 | | 사업자등록번호 | | 과세기간 | . . 부터
. . 까지 | |

계 정 과 목	코드	금 액	계 정 과 목	코드	금 액
②	59	: : :	7. 투자자산 처분손실	88	: : :
③	60	: : :	8. 유·무형자산 처분손실	89	: : :
④ 기타	61	: : :	9. 재고자산 감모손실	90	: : :
V. 영업손익(Ⅲ-Ⅳ)	62	: : :	10. 재해손실	91	: : :
VI. 영업외수익	63	: : :	11. 충당금·준비금 전입액	92	: : :
1. 이자수익	64	: : :	12. 전기오류수정손실	93	: : :
2. 배당금수익	65	: : :	13. 기타 소계 (①+②+③+④)	94	: : :
3. 외환차익	66	: : :	①	95	: : :
4. 외화환산이익	67	: : :	②	96	: : :
5. 단기투자자산 처분이익	68	: : :	③	97	: : :
6. 투자자산 처분이익	69	: : :	④ 기타	98	: : :
7. 유·무형자산 처분이익	70	: : :	**Ⅷ. 당기순손익(Ⅴ+Ⅵ-Ⅶ)**	99	: : :
8. 판매장려금	71	: : :	작 성 방 법		
9. 국고보조금	72	: : :	☐ 표준손익계산서는 기업회계기준을 준용하여 다음과 같이 작성해야 합니다.		
10. 보험차익	73	: : :	1. 손익계산서의 계정과목과 같은 계정과목이 없는 경우에는 유사한 계정과목에 적습니다.		
11. 충당금·준비금 환입액	74	: : :	2. 단체퇴직보험료 등은 퇴직급여(코드번호:24)란에 적습니다.		
12. 전기오류수정이익	75	: : :	3. 유류비(코드번호:31)란은 차량유지 관련 이외의 유류비를 적습니다.		
13. 기타 소계 (①+②+③+④)	76	: : :	4. 지급수수료(코드번호:47)란은 외주용역비(코드번호:55) 및 인적용역비(코드번호:56) 이외의 수수료를 적습니다.		
①	77	: : :	5. 의약품비(코드번호:52) 및 의료소모품비(코드번호:53)란은 의료업자만 적습니다.		
②	78	: : :	6. 외주용역비(코드번호:55)란은 특정업무나 기능을 외부 전문업체 등에 위탁하고 지급하는 비용을 적습니다.(치과에서 지출하는 기공료 등)		
③	79	: : :	7. 인적용역비(코드번호:56)란은 원천징수 대상 사업소득자에게 영업실적에 따라 지급한 수당(수수료)을 적습니다.(학원 강사, 외판원, 음료품 배달원 등)		
④ 기타	80	: : :	8. Ⅳ. 판매비와 관리비, Ⅵ. 영업외수익, Ⅶ. 영업외비용 항목에 동일한 계정과목 등이 없는 경우 합계금액을 항목별로 분류하여 Ⅳ.34. 기타 소계, Ⅵ.13. 기타 소계, Ⅶ.13. 기타 소계 란에 각각 적고, 항목 란 아래 칸의 ①, ②, ③ 란에 금액이 큰 계정과목부터 순차적으로 계정과목을 적고 관련 금액을 적습니다.		
Ⅶ. 영업외비용	81	: : :	9. Ⅱ. 2. ② 당기총원가란은 표준원가명세서의 당기제품제조원가 (1.제조원가명세서의 IX), 당기공사원가(2.공사원가명세서의 XI), 당기완성주택 등 공사비(3.분양원가명세서의 XI), 당기총원가 (4 기타원가명세서의 IX)의 합계액과 일치해야 합니다.		
1. 이자비용	82	: : :	10. 그 밖의 사항은 표준재무상태표 작성요령을 준용합니다.		
2. 외환차손	83	: : :			
3. 외화환산손실	84	: : :			
4. 기타 대손상각비 (충당금전입액 포함)	85	: : :			
5. 기부금	86	: : :			
6. 단기투자자산 처분손실	87	: : :			

210mm×297mm[백상지 80g/㎡ (재활용품)]

11

안팔리는 재고는
비용처리할 수 있다

도·소매업이나 제조업은 재고자산을 취급하는 업종이라 늘 재고위험을 안고 있다. **재고위험**은 매출을 위해 사놓은 상품이나 제품이 제때 안 팔릴 위험을 말한다. 경기가 나빠 오랫동안 안 팔리거나 새로운 신상품·신제품이 출시되면 예전에 들여온 물건은 소비자로부터 외면당할 수밖에 없다. 이런 상품이나 제품은 팔기 어렵고 설령 팔린다고 해도 제 값을 받기 어렵다. 이미 매출했지만 하자나 파손 등의 이유로 반품처리된 물건도 마찬가지다.

이런 것들을 불량재고라고 하는데, 어차피 못 팔거라면 빨리 비용으로 처리하는 것이 낫다. 이 경우 비용으로 처리하는 방법은 첫째, 해당재고를 폐기처분하는 방법이 있다. 예를 들어 장부가로 100만 원인 상품을 그대로 폐기처분했다면 전액 비용으로 처리하면 된다. 이렇게 하면 100만 원은 없는 재고가 되므로 기말재고자산에서 빠져 그대로 매출원가로 들어간다.

둘째, 해당재고를 그대로 가지고 있으면서 예상되는 손실금액을 비용으로 처리하는 방법이다. 장부가액이 100만 원인 상품의 예상 처분가액이 30만 원이라면 차액인 70만 원을 미리 비용으로 처리하는 것이다. 이렇게 하면 기말재고자산은 30만 원으로 평가돼 70만 원이 매출원가에 포함된다.

세법에서도 폐기처분하지 않아 아직 손실이 확정되지 않았더라도 가치가 손상된 것이 확실한 재고자산은 비용으로 인정해준다. 다만, 세무상으로 경비인정을 받기 위해서는 가치손상에 대한 증명을 해야 한다. 따라서 파손, 부패, 변질 등 객관적사유가 분명해야 하며, 손상된 재고상태를 사진이나 동영상기록으로 남겨두어야 한다.

나아가 파손, 부패 등의 객관적 사유가 없는 정상재고로서 단지 예상판매가치가 하락함에 따라 손실이 예상되는 경우에도 관련 손실을 미리 비용으로 처리할 수 있다. 단, 이런 경우에는 재고자산평가방법을 저가법으로 하겠다고 미리 신고해야 한다. **저가법**이란 **원가법**(재고자산을 시가로 평가하지 않고 매입원가나 제조원가 그대로 두는 방법이다)과 달리 재고자산을 원가와 시가(추정판매가를 의미한다) 중 낮은 금액으로 평가하는 방법을 말한다. 재고자산평가방법의 신고도 홈택스에서 할 수 있다.

12

1인 개인사업자의 지역건강보험료, 이렇게 대비하라!

고용한 근로자가 없는 1인 법인의 경우에는 비록 근로자가 대표자 1명뿐이지만 직장건강보험에 가입할 수 있다. 하지만 1인 사업을 개인으로 하는 경우에는 지역건강보험에 가입해야 한다. 그 이유는 근로자가 없는 1인 개인사업장을 직장으로 보지 않기 때문이다. 이에 따라 소득과 재산을 기준으로 건강보험료를 부과하므로 보험료부담이 커진다. 게다가 지역가입자는 직장가입자와 달리 보험료도 전액을 본인이 부담해야 한다.

이 경우 1인 개인사업자가 근로자를 1명이라도 고용하면 해당 사업장이 직장이 되므로 사업자도 직장가입자로 전환된다. 국민건강보험법 시행령에 따르면 근로자가 없는 사업장의 사업주는 직장가입이 불가능하지만 정규직 근로자를 1명이라도 두고 있는 경우에는 직장가입이 가능하다. 이 경우 직원채용시 사업주 본인의 보수도 신고해야 하는데, 최소한 사업장에서 가장 높은 급여를 받는 근로자의 보수에 맞추어서 신고해야 한다. 그리고 다음해 5월에 종합소득을 신고하고 이를 토대로 이후부터는 신고된 소득을 기준으로 보험료를 내야 한다. 이때 사업주의 소득이 가장 높은 근로자의 급여보다 많다면 사업주의 소득을 기준으로 정산(추가납부)하고 6월부터는 동 소득을 기준으로 보험료를 내야 한다. 만약 사업주의 소득이 가장 높은 근로자의 급여보다 적을 경우에는 가장 높은 근로자의 소득을 기준으로 보험료를 부과하므로 추가납부는 없지만 차액을 돌려받지는 못한다. 또한 사업소득이 마이너스(-), 즉 결손일 경우에는 사업장 근로자의 보수평균액을 기준으로 보험료를 내게 된다. 하지만 근로자를 고용하면 인건비가 지출되므로 단지 직장건강보험 가입만을 위해서 불필요한 근로자를 채용할 필요는 없다.

만약 근로자를 고용하기 어렵다면 1인 법인을 따로 만들어 법인으로부터 급여를 받고 이를 토대로 직장건강보험료를 내는 방법도 있다. 매출을 분산해서 건강보험료를 줄이는 방식인데, 법인에서 받은 급여를 기준으로 건강보험료를 내더라도 개인사업체의 종합소득에 대해서는 보수외소득으로 건강보험료를 추가로 내야 한다. 하지만 연간 2,000만 원을 초과하는 보수외소득에 대해 부담하는 것이므로 이에 맞춰 법인과 개인사업자의 소득을 적절히 분산하면 된다.

사업정착기
이익이 보이기 시작하니
세금이 만만치 않다

01

세금내는 달을 기억하고
미리 준비하자!

☑ 개인사업자는 1월, 5월, 7월, 11월이 잔인한 달

세금은 정부의 살림살이를 위한 세입원이므로 내야 하는 시기가 미리 정해져 있다. 개인사업자가 내야 하는 세금은 종합소득세와 부가가치세인데, **종합소득세**는 매년 5월(성실신고확인대상 사업자는 6월)에 신고하고 납부한다. 5월 1일부터 31일까지 전년도에 종합소득이 있었던 모든 사람들이 세금을 신고하고 내야 한다.

종합소득이라고는 하지만 대부분 사업소득자들이다. 근로자들은 소속된 직장에서 실시하는 연말정산으로 신고를 마무리하기 때문에 따로 신고하지 않아도 된다. 하지만 요즘은 투잡two job이 대세라 근로소득 외에 다른 소득이 있다면 연말정산에도 불구하고 모든 종합소득을 합산해서 다시 신고해야 한다.

사업자들은 종합소득을 신고할 때 전년도 11월에 이미 납부한 중간예납세액을 빼고 내야 한다. **중간예납**은 중간에 미리 세금을 내는 것을 말한다. 즉, 다음해 5월에 내야 할 종합소득세를 그해 11월에 미리 내는 것인데, 개인사업자는 중간예납을 따로 신고하지 않아도 세무서에서 고지된다. 대체로 전년도 종합소득세의 1/2이 계산돼서 나온다고 생각하면 된다. 어차피 다음해 5월에 다시 정산할 것이므로 정확할 필요는 없으며 고지서대로 내면 된다.

중간예납은 사업소득에 대해서만 부과되는데, 50만 원 미만인 경우에는 고지하지 않는다. 금액이 적기 때문에 미리 낼 필요없이 내년 5월에 한꺼번에 내라는 의미다. 또한 신규사업자는 전년도에 납부한 세액이 없기 때문에 첫해에 한해서 중간예납 고지가 나오지 않는다.

한편, **부가가치세**는 1년을 1기(상반기)와 2기(하반기)로 나누어 내는데, 중간에 예정납부를 하고 확정신고 때 정산해서 추가로 납부하거나 환급받는다. 예정납부는 신고없이 고지되는대로 내면 된다.

일반과세자는 매년 7월 25일까지는 상반기(1월 1일 ~ 6월 30일), 다음해 1월 25일까지는 하반기(7월 1일 ~ 12월 31일)에 발생한 매출액과 매입액을 토대로 부가가치세를 신고·납부해야 한다. 즉, 1년에 두 번 신고하는 셈이다. 요즘은 대부분 카드매출 또는 전자세금계산서를 발행하므로 홈택스에서 불러오기만 하면 6개월간 주고 받은 세금계산서와 신용카드내역이 뜨고 몇 번만 클릭하면 신고가 끝난다. 만약 수기로 주고 받은 세금계산서가 있다면 따로 입력해야 한다. 따라서 위탁기장하는 경우 전산으로 자동처리되지 않은 별도의 매출이나 매입자료가 있다면 반드시 이를 알려줘야 누락을 방지할 수 있다.

간이과세자는 부가가치세를 1년에 한 번만 신고하면 된다. 7월 25일에는 예정고지에 따라 납부만 하면 되고 다음해 1월 25일까지 신고·납부하면 된다. 그런데 간이과세자 중에서 연 매출이 4,800만 원 미만인 간이과세자는 세금계산서를 발행하지 않기 때문에 매출의 근거자료가 전혀 없으므로 자신의 매출액을 직접 입력해야 한다.

| 일반과세자(개인 및 소규모법인)의 부가가치세 신고 |

구분	과세기간	신고납부기한
1기 예정납부	1.1 ~ 3.31	4월 25일(납부)
1기 확정신고	1.1 ~ 6.30	7월 25일(신고·납부)
2기 예정납부	7.1 ~ 9.30	10월 25일(납부)
2기 확정신고	7.1 ~ 12.31	1월 25일(신고·납부)

▲ 소규모법인은 직전과세기간(6개월)의 매출액이 1억 5,000만 원 미만인 법인을 말한다.

| 간이과세자의 부가가치세 신고 |

구분	과세기간	신고납부기한
예정납부	1.1 ~ 6.30	7월 25일(납부)
확정신고	1.1 ~ 12.31	1월 25일(신고·납부)

☑ 법인사업자는 1월, 3월, 4월, 7월, 8월, 10월이 돈 나가는 달

법인사업자는 **법인세**를 매년 3월 31일(정확하게 표현하면 결산일 후 3개월인데, 대부분 법인이 12월 결산이므로 3월 말이라고 표현한다)까지 신고·납부해야 한다. 법인도 **중간예납**을 하는데 그 시기는 매년 8월이며, 개인과 달리 직접 신고해야 한다.

이 경우 전년도 결정세액(산출세액에서 공제·감면세액 및 원천징수세액을 차감한 것)의 1/2로 계산해서 내기 때문에 신고는 아주 간단하다. 다만, 전년도의 소득이 마이너스(-)이어서 산출세액이 없는 경우에는 6개월간의 소득을 직접 계산해서 내야 한다. 법인도 신설법인은 첫 해에 한해 중간예납의무가 없으며 50만 원 미만이면 신고·납부하지 않고 내년 3월에 한꺼번에 내도 된다.

법인의 **부가가치세**는 개인과 달리 분기마다 신고·납부해야 하므로 1년에 네 번 신고해야 한다. 다만, 매출규모가 적은 법인(직전과세기간 6개월의 매출이 1억 5,000만 원 미만)은 개인 일반과세자처럼 예정신고없이 고지된 세금을 미리 내고 상·하반기 두 번의 확정신고 때 정산하면 된다.

| 법인의 부가가치세 신고 |

구분	과세기간	신고납부기한
1기 예정신고	1.1 ~ 3.31	4월 25일
1기 확정신고	4.1 ~ 6.30	7월 25일
2기 예정신고	7.1 ~ 9.30	10월 25일
2기 확정신고	10.1 ~ 12.31	1월 25일

02

돈을 2~3배 벌면
세금은 3~6배로 나간다

☑ 누진세의 위력, 해법은 없을까?

세금은 대부분 소득과 재산에 붙는 것으로서 소득과 재산이 많을수록 세금은 늘어난다. 그런데 과세표준이 증가하는 것보다 세금이 훨씬 더 많이 증가하는데, 그 이유는 과세표준에 적용되는 세율이 **누진세율**이기 때문이다. 현재 소득세 세율은 최저 6%에서 최고 45%까지 8단계별로 세율이 차등 적용된다.

소득이 증가할수록 적용세율이 상승함에 따라 소득이 일정수준 이상으로 올라가면 세금증가율이 소득증가율을 훨씬 뛰어넘어 폭탄수준이 되어 버린다. 예를 들어, 과세표준(과표)이 5,000만 원이면 세금이 624만 원인데, 만약 과표가 2배로 늘어 1억 원이면 세금은

1,956만 원으로 3배, 과표가 3배로 늘어 1억 5,000만 원이면 세금은 3,706만 원으로 6배로 증가한다. 심지어 과표가 6배로 늘어 3억 원이 되면 세금은 9,406만 원이 되어 무려 15배로 증가한다.

누구나 이 누진세율의 공포에서 비켜가기 어렵지만 해법은 있다.

첫째, 소득을 줄이는 것인데, 일부러 돈을 적게 벌 수는 없고 최대한 소득을 분산해야 한다. 소득세는 소득자별로 과세하므로 부부의 소득, 부모와 자녀의 소득을 합산하지는 않는다. 나 혼자만의 소득이 아닌 가족이라는 경제공동체의 소득을 만들어야 한다. 공동사업 또는 가족법인 등 그 형태는 여러 가지가 가능하다.

둘째, 모든 소득세는 1월 1일부터 12월 31일까지 발생한 소득을 대상으로 하는 것이므로 연도별로 소득을 분산해야 한다. 이자·배

| 누진세의 위력과 공포 |

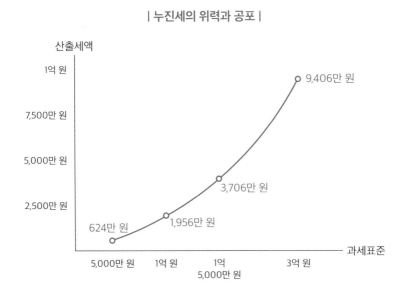

당·기타·연금소득처럼 소득의 발생시기를 자신이 어느 정도 설계할 수 있는 소득이라면 특정연도에 집중되지 않게, 가급적 여러 사람에게 소득이 분산되게끔 설계하는 것이 필요하다.

☑ 세금보다 더 무서운 건강보험료와 국민연금

지금도 그렇지만 앞으로는 세금보다 더 무서운 것이 건강보험료일 가능성이 높다. 직장가입자는 보수월액에 미리 정해진 보험요율을 곱한 금액을 직장과 근로자가 각각 1/2씩 부담한다.

건강보험료는 건강보험료에 붙는 고용보험료를 포함하면 약 8%가 부과된다. 국민연금은 보수월액의 9%로서 두 가지를 합치면 17%인데, 근로자는 그 중 절반만 부담하면 되지만 1인 개인사업자는 이를 모두 본인이 부담해야 한다.

소득이 드러나면 보험료의 부과를 피할 수는 없다. 특히 근로자가 있는 사업장과 법인의 대표자 등 직장가입자의 경우 보수외소득에 대한 건강보험료에 주목해야 한다. **보수외소득**은 매년 5월에 신고된 종합소득 신고내용을 바탕으로 계산하는데, 직장으로부터 받은 급여 외의 종합소득(이자·배당·사업·근로·기타·연금소득)은 물론 분리과세되는 연간 1,000만 원~2,000만 원인 이자 및 배당소득과 연간 2,000만 원 이하인 주택임대소득도 모두 포함된다.

그 중 연금소득은 소득평가율이 50%이므로 연간 연금수령액이 2,000만 원이라면 1,000만 원을 보수외소득으로 본다. 그런데 이들 보수외소득의 합계액에서 2,000만 원을 공제한 것이 부과대상이므로 가급적 2,000만 원을 초과하지 않도록 관리하는 것이 최선의 방법이다.

만약 연간 보수외소득이 2,000만 원을 초과하면 초과액에 대해 부과되는 건강보험료는 직장건강보험료와는 달리 전액을 본인이 부담해야 한다.

03

증빙관리는
절세법의 기본

☑ 법정증빙과 영수증의 차이

소득세를 줄이기 위해서는 신고소득을 낮추어야 한다. 요즘은 소비자와 고객의 신용카드사용이 보편화돼서 수입금액을 누락하는 것이 거의 불가능하다. 따라서 소득을 줄이는 가장 최선의 방법은 필요경비를 최대한 많이 넣는 것이다. 다만 세법상 필요경비로 인정받기 위해서는 반드시 두 가지 조건을 충족해야 한다.

첫째, 비용지출에 대해서는 관련 증거가 있어야 한다. 이를 지출증빙이라고 하며 돈을 받은 상대방으로부터 법정증빙(세법에서 정한 증빙이라는 뜻으로 적격증빙이라고도 한다)을 받아야 한다.

법정증빙은 세금계산서, 계산서, 현금영수증(지출증빙용), 신용카드전표 등 모두 4가지인데, 이들의 공통점은 모두 전자방식으로 만들어진다는 것이다. 즉 손으로 작성한 것이 아니므로 가공이 불가능하며 돈을 받은 상대방 사업자에게는 수입에 해당되어 세금을 내게 되므로 이를 지출한 사업자에게도 경비처리가 가능한 것이다.

그러나 (간이)영수증을 비롯한 나머지 것들은 법정증빙에 해당하지 않는다. **영수증**은 수기로 작성하는 것이라서 쉽게 가공이 가능하므로 이를 법정증빙으로 인정하지 않는다. 따라서 모든 매입비용은 세금계산서나 계산서를 받아야 하며 그렇지 못한 일반 경비지출건은 가급적 신용카드결제를 통해 법정증빙을 확보하는 것이 좋다. 불가피하게 현금결제를 해야 한다면 지출증빙용 현금영수증을 받아야 한다. 지출증빙용 현금영수증은 현금결제 후 사업자등록번호를 입력해서 현금영수증에 매입자의 사업자등록번호가 찍힌 것을 말한다.

다만, 거래상대방 사업자 중에는 간이과세자를 비롯해서 법정증빙을 발행할 수 없는 영세한 사업자도 있기 때문에 지출건당 3만원 이하의 소액건에 대해서는 예외적으로 영수증을 증빙으로 인정하고 있다. 그러므로 불가피하게 영수증을 받아야 하는 상황이라면 건당 3만 원을 초과하지 않도록 해야 하며, 동일한 일자에 동일한 사업자가 발행한 영수증은 3만 원 초과 여부를 판단할 때 금액을 합산한다는 점도 잊어서는 안 된다.

둘째, 아무리 법정증빙을 갖추었다고 하더라도 관련 지출이 사

전자세금계산서

		승인번호	

공급자	등록번호		종사업장번호		공급받는자	등록번호		종사업장번호	
	상호(법인명)		성명			상호(법인명)		성명	
	사업장					사업장			
	업태		종목			업태		종목	
	이메일					이메일			
						이메일			

작성일자	공급가액	세액	수정사유

비고	

월	일	품목	규격	수량	단가	공급가액	세액	비고

합계금액	현금	수표	어음	외상미수금	이 금액을 (청구) 함

Hometax. 본 인쇄물은 국세청 홈택스(www.hometax.go.kr)에서 발급 또는 전송 입력된 전자(세금)계산서 입니다.
발급사실 확인은 상기 홈페이지의 "조회/발급>전자세금계산서>제3자 발급사실 조회"를 이용하시기 바랍니다.

현금영수증(지출증빙)

[매장명] 카페
[사업자번호] 111-22-33333
[주소] 서울특별시 강남구 서초대로 xxx
[대표자] 홍길동   [TEL] 02-345-6789
[거래일시] 2019-07-03 17:37:50
========================
상품명   단가   수량   금액

Ice 아메리카노   4,000   10   40,000

합계금액   40,000

          부가세 과세물품가액   36,365
          부   가   세   3,635

현금결제   40,000

[결제구분] 현금(지출증빙)
[구매자명] 김
[사업자번호] 444-55-66666
[승인번호] 123456789
[거래일시] 2019-07-03 17:37:50

전화 : 국번없이 126

매출전표

카드종류		거래일자				
삼성카드		2016.9.30. 14:32:21				
카드번호(CARD NO)						
5555-4444-****-1**6						
승인번호			금액	백	천	원
20160930143221		AMOUNT		1 0 0 0 0		
일반	할부	부가세				
일시불		V.A.T		1 0 0 0 0		
		봉사료				
거래유형		CASHBACK				
신용승인		합계				
		TOTAL		1 1 0 0 0 0		
가맹점명						
대표자명		사업자번호				
전화번호		가맹점번호				
주소						

상기의 거래 내역을 확인합니다.   서명   (주)동남상사

업활동과 관련이 없는 비용(이를 사적사용경비라고 한다)이라면 필요경비로 인정하지 않는다. 특히 법인과 달리 개인사업자들은 본인의 개인적인 지출과 사업관련 지출을 구분하지 않고 동일한 신용카드를 사용하는 경우가 많아 사적인 비용지출을 사업관련 경비로 처리하는 경우가 매우 흔하다. 그리고 이것 때문에 가산세 등을 맞는 경우가 많으므로 특히 유의해야 한다.

국세청에서는 개인 사업자의 카드사용내역 중 병원이나 백화점 그리고 학원 등에서 사용한 것은 일단 사업관련성이 없는 것으로 보고 이들 사용처에서 쓴 금액을 전산으로 추출하고 있다. 만약 이런 사용처에서 쓴 금액이 과다하게 경비에 포함됐을 경우에는 소명요구나 조사 등을 받을 가능성이 있으므로 주의해야 한다.

☑ 영수증을 경비로 인정받으려면?

건당 3만 원을 초과하는 지출은 영수증을 받아도 경비인정이 안된다고 했는데, 이는 손으로 작성한 영수증 자체를 믿을 수 없기 때문이다. 3만 원 이하건은 금액이 소액이라 따지지 않고 인정해주지만 3만 원이 넘는 것은 곤란하다는 취지다.

하지만 3만 원이 넘는 지출건도 두 가지를 충족시키면 경비인정을 받을 수 있다. 첫째, **증빙불비가산세**를 내야 한다. 본래 가산세란 세법상 의무위반에 대해 국세청이 부과하는 징벌적 세금인데, 증빙불비가산세는 스스로 자발적으로 내는 가산세다. 가산세는 영수증 금액의 2%로서 그리 높지는 않다. 3만 원 초과건으로 영수증을 받은 금액이 모두 500만 원이라면 2%인 10만 원을 가산세로 내면 된다. 가산세는 종합소득이나 법인세를 신고할 때 산출세액에 같이 포함해서 신고하고 내면 된다.

둘째, **영수증수취명세서**를 제출해야 한다. 이는 영수증이 아예 없었던 거래를 허위로 만들어서 일방적으로 작성된 것이 아니라 실제 거래가 있었던 것임을 보여주는 자료를 제출하는 것인데, 명세서에는 거래일자, 상대방의 사업자번호와 상호 등이 기재된다. 이렇게 실제 거래가 뒷받침된 것이라면 설령 금액이 크다고 하더라도 경비처리가 가능하다.

단, 영수증수취명세서를 제출하면 영수증을 발행한 상대방 사업자도 수입신고를 해야 하고 그렇지 않을 경우 가산세를 내야 할 위험부담이 있으므로 함부로 가공해서 작성할 수는 없다. 아울러 전체 필요경비 중 영수증 수취금액이 지나치게 많을 경우, 즉 법정증빙의 수취비율이 지나치게 낮을 경우에는 필요경비 과다계상 사업자로 분류돼 소명요구나 조사대상에 선정될 수 있으므로 불가피한 경우를 제외하고는 영수증 수취를 가급적 피하는 것이 좋다.

한편, 농어민과의 거래, 택시요금, 국가나 지자체 등 법정증빙을 발행할 수 없는 자와의 거래금액에 대해서는 영수증수취명세서를 별도로 제출하지 않아도 된다(영수증수취명세서 양식 참조).

| 영수증은 법정증빙이 아니다 |

No.	영 수 증			(공급자용)
				귀하

공급자	사업자 등록번호				
	상 호		성명		
	사업장 소재지				
	업 태		종목		

작성일자	금액합계	비 고

위 금액을 영수(청구)함.

월일	품 명	수량	단가	금 액
	합 계	₩		

※가치세법시행규칙 제 88조의 규정에 의한(영수증)으로 개정

■ 소득세법 시행규칙 [별지 제40호외5서식] <개정 2021. 3. 16.>

영수증수취명세서(1)

※ 제2쪽의 작성방법을 읽고 작성하시기 바랍니다.

(3쪽 중 제1쪽)

①상 호		②사업자등록번호				–			–				
③성 명		④생년월일											
⑤주 소			(전화번호 :)										
⑥사업장소재지			(전화번호 :)										
⑦업 태		⑧종 목											

1. 세금계산서·계산서·신용카드 등 미사용 내역

⑨구 분	3만원 초과 거래분		
	⑩총 계	⑪명세서제출제외대상	⑫명세서제출대상(⑩ – ⑪)
⑬건 수			
⑭금 액	3,000	1,000	2,000

2. 3만원 초과 거래분 명세서제출 제외대상 내역

구 분	건 수	금 액	구 분	건 수	금 액
⑮읍·면지역소재			㉖부동산구입		
⑯금융·보험용역		130	㉗주택임대용역		
⑰비거주자와의 거래			㉘택시운송용역		20
⑱농어민과의 거래		100	㉙전산발매통합관리시스템 가입자와의 거래		
⑲국가·지방자치단체 또는 지방자체단체 조합과의 거래		300	㉚항공기항행용역		50
⑳비영리법인과의 거래			㉛간주임대료		
㉑원천징수대상사업소득			㉜연체이자지급분		
㉒사업의 양도			㉝송금명세서제출분		400
㉓전기통신·방송용역			㉞업무추진비필요경비부인분		
㉔국외에서의 공급			㉟유료도로 통행료		
㉕공매·경매·수용			㊱합 계		1,000

「소득세법」 제70조제4항제5호 및 같은 법 시행령 제132조제3항에 따라 영수증수취명세서를 제출합니다.

년   월   일

신 고 인   (서명 또는 인)
세무대리인   (서명 또는 인)
(관리번호 :   )

세무서장 귀하

210mm×297mm[백상지 80g/㎡ 또는 중질지 80g/㎡]

영수증수취명세서(2)

①상 호		②사업자등록번호						–		–	
③성 명		④생 년 월 일									

영수증수취명세 제출대상 거래내역

⑤일련번호	⑥거래일자	공 급 자				⑪거래금액	⑫비 고
		⑦상 호	⑧성 명	⑨사 업 장	⑩사업자등록번호		
						2,000	
계							

210mm×297mm[백상지 80g/㎡ 또는 중질지 80g/㎡]

☑ 증빙이 없는 비용은 원천징수를 해야 한다

사업자가 지출한 비용은 법정증빙을 갖추어야 필요경비로 인정되는데, 급여 등 인건비 지출에 대해서는 법정증빙을 받을 수 없다. 급여는 근로자에게 지급되는데 근로자는 사업자가 아니므로 증빙을 발행할 수 없기 때문이다.

이런 경우 증빙의 역할을 대신하는 것이 원천징수다. **원천징수**란 급여를 지급하는 사업자가 근로자의 소득(근로소득)에 대한 세금을 미리 공제하고 지급하는 것을 말한다. 원천징수한 소득세는 다음달 10일까지 납부해야 하며 다음해 2월에는 연간 근로소득에 대한 지급명세서를 제출해야 한다. **지급명세서**란 "누구에게, 무슨 소득을, 언제, 얼마를 지급했다"는 내용이 기재된 서류다.

■ 소득세법 시행규칙 [별지 제7호의2서식] <개정 2021. 3. 16.>

경비 등의 송금명세서

(앞쪽)

1. 과세기간   .   .   .   ~   .   .   .

2. 공급받는 자

① 상 호	② 사업자등록번호
③ 성 명	④ 주민등록번호

3. 거래 · 송금명세 및 공급자

⑤ 일련번호	⑥ 거래일	⑦ 상 호 ⑧ 성 명	⑨ 사업자 등록번호	⑩ 거래명세	⑪ 거래금액	⑫ 송금일	⑬ 은 행 명 ⑭ 계좌번호
					400		
계							

210mm×297mm[백상지 80g/㎡ 또는 중질지 80g/㎡]

이를 통해 국세청에서는 근로자에게 얼마의 소득이 지급됐으며 근로소득세가 제대로 원천징수됐는지 확인할 수 있으며 돈을 지급한 사업자에게 이를 경비로 인정하게 된다. 즉 해당 소득이 국세청에 신고됐기 때문에 경비로 인정받을 수 있는 것이다. 그러므로 만약 급여 지급시 원천징수가 이루어지지 않았다면 지급한 사업체에서는 관련 증빙이 없는 것과 마찬가지이므로 지급한 급여를 필요경비로 인정받지 못한다.

 근로소득, 사업소득, 기타소득의 차이점은?

인적용역을 제공받고 그 대가를 지급하는 경우 근로자에게 지급한 것은 근로소득에 해당한다. 근로계약을 체결한 근로자에게 지급하는 것은 세법에서 비과세로 규정한 것을 제외하고는 어떤 형태가 됐건 근로소득에 포함된다. 하지만 고용관계가 없이 독립적인 관계에 있는 사람에게 지급한 인적용역대가는 성격에 따라 기타소득 또는 사업소득에 해당한다.

두 가지를 구분하는 기준은 상대방이 해당 행위를 사업적으로 계속하는지의 여부다. 사업자등록이 있는 자라면 당연히 사업소득에 해당하며 그렇지 않다고 하더라도 불특정다수를 상대로 해당 행위를 계속적·반복적으로 수행한다면 사업소득에 해당한다.

그러나 용역제공이 사업성없이 일시적이고 비반복적인 것이라면 기타소득에 해당한다. 사업소득의 경우에는 지급액의 3%(지방소득세 포함시 3.3%)를 원천징수하고 기타소득인 경우에는 필요경비 60%를 차감한 40%의 기타소득에 대해 20%(지방소득세 포함시 22%이며 따라서 지급액 기준으로는 8.8%임)를 원천징수하면 된다. 사업소득과 기타소득 모두 원천징수에 따른 지급명세서를 지급일의 다음달 말일까지 국세청 홈택스를 통해 제출해야 한다.

이런 문제는 현장에서 자주 발생하는데 소득세 및 건강보험료 부담을 피하기 위해 원천징수와 지급명세서 제출없이 급여를 지급받기 원하는 근로자가 많다. 이 경우 계좌이체를 통해 지급사실이 확인된다고 하더라도 지급명세서가 제출되지 않은 것은 경비로 인정받을 수 없으므로 유의해야 한다. 일용근로자에게 지급한 인건비도 마찬가지며 기타소득이나 사업소득 중 인적용역소득을 지급할 때도 상대방으로부터 법정증빙을 받거나 아니면 소득세를 원천징수한 후, 지급명세서를 제출해야 경비로 인정받을 수 있다.

이 경우 인적용역사업자(실무에서는 '프리랜서'라고 표현하는데 사업장이 없이 혼자서 각종 인적용역을 제공하는 사업자를 말하며 사업자코드번호가 94로 시작된다)가 용역대금을 받을 때는 3%(지방소득세 포함시 3.3%)의 소득세를 떼고 받는데, 이로써 세금납부절차가 마무리되는 것은 아니다. 제출된 지급명세서를 통해 다음연도 5월에 국세청에서는 사업자에게 종합소득세신고 안내문을 보낸다. 안내문에는 전년도의 수입금액이 찍히는데, 여기서 필요경비를 차감한 사업소득에 대한 소득세를 계산한 다음, 이미 원천징수당한 3%의 소득세를 차감해서 차액을 추가로 내거나 환급받아야 한다. 이때 신규사업자인 경우에는 첫해 수입금액이 7,500만 원 미만, 계속사업자의 경우에는 전년도의 수입금액이 3,600만 원 미만이면서 당해연도 수입금액이 7,500만 원 미만이라면 이미 정해진 단순경비율(대략 65~75% 수준이며 201쪽을 참조)로 소득세를 계산하므로 매우 편할뿐더러 단순경비율이 높기 때문에 대부분 이미 낸 3%의 세금을 환급받게 된다.

04

현명한 카드사용법

☑ 사업용카드와 개인카드를 구별해서 사용하자

법인의 경우 법인카드가 개인카드와 구분되어 있어서 법인카드를 사적으로 사용할 가능성이 높지 않으나, 개인사업자의 경우에는 개인 신용카드를 구분없이 사용하는 경우가 흔하다. 따라서 개인신용카드 사용액을 사업관련지출과 개인지출로 구분하지 않으면 회계처리가 잘못될 가능성이 매우 높다. 이런 위험을 원천적으로 차단하는 방법은 용도별로 신용카드를 달리 정해두고 사용하는 것이다.

사업용카드와 개인용카드를 따로 구분해서 사업용카드를 국세청 홈택스에 등록한 후 사업관련지출을 이 카드로만 사용하면 사적인 비용이 경비로 처리될 가능성이 없다.

그러나 오해하지 말아야 할 것은 사업용카드로 사용했다고 해서 모두 사업경비로 인정되는 것은 아니라는 점이다. 사업용카드를 국세청에 등록하는 것은 카드사용 정보를 공유하기 위함이며 세무사사무실에서도 홈택스에 나타나는 사용내역을 가지고 곧바로 회계처리할 수 있다. 만약 사업용카드 사용액 중 개인적인 지출이 있다면 이를 사업경비로 처리해서는 안되며 이렇게 혼용해서 사용할 것이라면 굳이 카드를 분리할 이유가 없다. 따라서 카드사용자인 사업자가 해당 지출의 성격에 맞게 카드를 구분해서 사용하면, 아무 고민없이 사업용카드 사용액을 전액 사업경비로 처리할 수 있다.

한편, 법인은 대표자의 개인카드 사용액이 법인통장에서 출금될 수 없는 구조이므로 법인카드를 사적인 용도로 사용하지 않는 한, 사적인 경비가 처리될 가능성이 없다. 또한 법인카드는 발급과 동시에 국세청에 자동으로 등록되므로 따로 등록하지 않아도 모든 법인카드 사용내역이 국세청과 공유된다.

05

대출금이자를 사업경비로
인정하지 않는 경우가 있다

☑ 개인사업자의 초과인출금 사용분 이자

개인사업자가 사업관련자금을 은행에서 대출받고 이자를 지급하는 경우 차입금의 이자는 경비로 처리할 수 있다. 그러나 때로는 이자를 필요경비로 인정받지 못하는 경우가 있으므로 주의해야 한다. 차입금을 사업용으로 사용하지 않고 가사용, 즉 개인적으로 사용한 경우에는 이를 사업관련비용으로 볼 수 없으므로 인정하지 않는다.

이 경우 차입금을 개인적으로 사용했는지의 여부를 따지는 방법은 사업용자산과 부채를 비교하는 것이다. 정상적인 경우라면 사업용자산이 부채보다 더 많아야 한다. 그러나 오히려 사업용자산이 부채보다 더 적다면 조달된 부채의 일부를 개인적으로 사용했다는 명백한 증거가 된다.

이때 부채에서 사업용자산을 차감한 금액을 **초과인출금**이라고 한다. 초과인출금은 사업주가 사업체의 돈을 빼서 쓴 것에 해당하므로 차입금 중 초과인출금에 해당하는 지급이자는 경비로 인정받지 못해 소득세 부담이 늘어날 수 있다. 이러한 초과인출금은 사업체의 손실이 계속 발생하면서 차입금 등 부채가 증가하여 부채가 사업용 자산금액을 초과하는 사업체에서 주로 발생한다.

| 개인사업자의 초과인출금이란? |

재무상태표

개인적으로 빼서 쓴 돈이므로 이에 대한 차입금 이자비용을 사업경비로 인정하지 않는다.

차입금(4억 원)에 대한 이자비용이 1,000만 원일 경우

$$1{,}000\text{만 원} \times \frac{1\text{억 원}}{4\text{억 원}} = 250\text{만 원} \quad (\text{필요경비 불산입})$$

사업용 자산 (4억 원)	부채 (5억 원)
초과인출금 (1억 원)	

06

사업자가 타는 승용차는
사업용일까? 비사업용일까?

☑ 부가가치세법에서는 승용차를
사업용으로 인정하지 않는다

사업할 때 꼭 필요한 자산이 차량이다. 재고자산을 운반하거나 거래처를 방문할 때 차량이 있어야 편리하다. 딱히 그런 용도가 아니더라도 사업주나 대표자가 사업장에 출퇴근하기 위해서라도 차량은 필요하다.

차량을 취득하면 구입비용도 발생하지만 이후 차량유지비가 많이 발생하는데 이런 것들이 사업관련 비용으로 인정되는지, 특히 승용차가 사업용 자산인지 궁금해하는 경우가 많다. 승용차를 단지 출퇴근용으로만 사용하더라도 사업용자산에 해당하며 승용차든

화물차든 사업활동에 사용하는 한, 모두 사업용 자산이므로 발생된 비용을 모두 경비로 인정받을 수 있다.

일반적으로 차량에 관련해서 발생하는 경비는 크게 6가지인데 그 중 가장 큰 비용은 차량구입비용이다. 다만, 차량구입비용은 차를 산 해에 한꺼번에 비용처리하지 못한다. 차량은 사업활동에 사용하기 위한 목적으로 취득한 것이므로 비용 또한 사용함에 따라 서서히 발생한다. 따라서 사용기간에 걸쳐 매년 일정 금액을 비용으로 나누어 넣게 되는데 이를 **감가상각비**라고 한다. 그런데 사업자마다 차량의 사용기간이 다를 수 있기 때문에 세법에서는 일률적으로 모든 차량의 사용기간(이를 내용연수라고 한다)을 5년으로 본다.

예를 들어 5,000만 원에 취득한 차량이라면 취득원가를 5년으로 나누어 매년 1,000만 원씩 경비로 처리해야 한다. 이 경우 취득원가에는 차량가격 뿐만 아니라 취득세, 차량등록비용 등 차량구입시 부수적으로 발생한 모든 비용이 포함된다. 즉, 이런 비용도 한꺼번에 경비로 처리하는 것이 아니라 취득원가에 포함시켜서 매년 감가상각비로 경비처리해야 한다.

차량가격 외에는 사용중에 보험료, 자동차세, 유류비, 수선비, 그리고 주차비나 톨게이트비용 등의 기타비용이 발생하는데, 이런 것들도 모두 경비로 처리할 수 있다. 그러나 세법은 차량 중에서 승용차에 대해서는 엄격하게 규제한다. 승용차는 비록 사업용자산이기는 하지만 사업관련성이 다른 차종만큼 높지 않음에도 불구하고 고가의 승용차를 취득하여 과다하게 경비처리하는 사례가 많아 이를 규제하는 것이다. 규제대상은 개인사업자 중 매출이 일정규모를 넘는 복식부기기장 의무사업자와 법인사업자다.

이런 사업자는 자동차보험에 가입할 때 피보험자를 사업자 본인을 포함한 임직원으로 가입해야 하며 승용차 한 대당 차량관련 비용을 연간 1,500만 원까지만 경비로 인정받을 수 있다. 만약 이를 초과할 경우에는 차량운행기록부를 작성해서 승용차를 사업목적에 사용했다는 것을 밝혀야 하는데, 주로 고가의 승용차를 보유하는 경우 이에 해당한다. 이렇게 운행기록부를 작성하는 것이 번거롭다면 매년 차량관련비용이 1,500만 원을 초과하지 않도록 감가상각비를 조절하거나 승용차가 아닌 다른 차종을 취득하는 것이 편하다. 또한 경차(1,000cc 이하)는 규제대상에서 제외되므로 이를 취득해도 된다.

한편, 부가가치세법에서는 승용차를 아예 사업용자산으로 보지 않는다. 이는 승용차에 관련해서 발생한 매입세액을 매출세액에서 공제할 수 없다는 뜻이다. 부가가치세 납부시 매출세액에서 매입세액을 공제해주는 이유는 관련 매입을 통해 매출이 발생하기 때문인데, 승용차는 매출과 아무 상관이 없다고 보기 때문이다.

따라서 주유소에서 휘발유를 넣거나 카센터에서 수리비를 지급할 때 신용카드로 결제하면 분명 부가가치세가 찍히지만 이는 공제가 불가능하므로 부가가치세를 포함한 총액을 차량유지비라는 비용으로 처리해야 한다.

승용차를 살 때 부담한 부가가치세도 마찬가지다. 차값이 5,000만 원이면 세금계산서의 청구금액에 매입에 따른 부가가치세 500만 원이 추가되는데 이는 공제가 불가능하므로 취득원가에 포함시켜서 감가상각비로 경비처리해야 한다. 이렇게 경비처리해봐야 적용세율이 20%라면 5년간 고작 100만 원의 세금이 줄어들 뿐이다. 만약 부가가치세를 공제받고 싶다면 승용차가 아닌 다른 차종을 선택하거나 경차를 취득하면 된다. 경차는 비록 승용차이지만 관련된 모든 부가가치세를 공제받을 수 있다.

한편, 사업체에서 지출하는 업무추진비도 승용차관련 비용과 마찬가지로 부가가치세법에서는 사업관련성을 인정하지 않는다. 따라서 업무추진비 지출에 관련된 부가가치세도 매입세액을 공제받을 수 없다. 그러나 소득세(또는 법인세)를 계산할 때는 업무추진비를 일정금액 한도 내에서 경비로 인정한다.

| 승용차와 업무추진비에 관한 세법 기준 |

구분	법인세법(소득세법)	부가가치세법
1. 사업관련성 인정 여부	인정	불인정
2. 필요경비 인정 여부	인정	-
3. 매입세액공제 여부	-	불공제
4. 필요경비 한도	한도 있음	-

사서 쓰는 것과 빌려 쓰는 것, 어느 것이 유리할까?

차량을 취득할 때 큰 돈을 들여 구입하는 것보다 리스나 렌탈을 하면 리스료나 렌탈료를 경비로 처리할 수 있기 때문에 세금상 유리하다는 말을 하는데, 이것은 사실과 다르다. 리스와 렌탈은 모두 남의 차를 빌려 타는 것인데, **리스**Lease는 리스회사라는 금융회사로부터 차량을 사기 위한 돈을 빌리는 금융거래이며, **렌탈**Rental은 흔히 말하는 렌트카를 사용하는 것으로 차량을 빌리는 임대차거래라는 점에서 차이가 있다.

즉, 리스는 금융거래로서 부가가치세가 과세되지 않으며 매입세액이 발생하지 않는다. 그러나 렌탈은 임대서비스 거래로서 부가가치세 과세대상이고 이에 따라 매입세액이 발생한다. 매입세액은 어차피 공제받으면 되니까 부담이 없는데, 승용차의 경우에는 매입세액공제가 불가능하므로 매입세액을 비용으로 고스란히 떠안아야 한다.

결국 승용차를 구입하지 않고 빌려 쓸 것이라면 부가가치세가 없는 리스가 렌탈보다 더 유리하다. 어쨌든 리스와 렌탈 모두 빌려쓰는 대가로 지급한 비용은 사업상 경비로 처리되므로 그만큼 소득세나 법인세를 줄일 수 있다. 또한 리스회사나 렌탈회사가 청구하는 비용 속에는 이자 성격의 비용도 포함되는데 이 금액도 경비로 인정된다.

그러나 이렇게 빌려 쓰지 않고 직접 구입해서 사용하는 경우에도 취득원가금액을 5년간에 걸쳐서 감가상각비라는 경비로 처리할 수 있기 때문에 리스나 렌탈의 경우와 크게 다르지 않다. 오히려 리스나 렌탈의 경우는 차량가격 외에 이자비용이 추가되므로 현금유출액이 더 많다고 봐야 한다. 결국 차량취득자금이 부족해서 리스나 렌탈을 사용하는 것일 뿐, 자금여유가 있다면 직접 구매하는 것이 불필요한 이자비용을 줄이는 차원에서 더 바람직하다.

특히 차량을 취득해서 5년 이상 사용한다면 5년 이후부터는 차량을 사용하더라도 비용이 발생하지 않기 때문에 구입이 훨씬 유리하다. 세법에 정해진 내용연수 5년은 감가상각비를 계산하기 위해 정한 기간일 뿐, 차량의 성능에 문제가 없다면 5년이 아니라 10년도 사용할 수 있다. 예를 들어, 5,000만 원짜리 차를 구입하여 10년간 사용한다면 1년에 500만 원의 비용이 발생하는 셈이지만 10년간 리스한다면 리스료총액이 5,000만 원을 훨씬 초과하게 된다.

    법인의 경우 대표의 개인소유차량에 대해 대표에게 임차료를 지급하고 사용하는 경우가 있는데, 이런 경우 해당 차량은 법인소유가 아니므로 유류대 등 차량관련 비용을 지출할 때 법인카드를 사용하면 안 된다. 이 경우 차량임대차계약서를 작성하고, 지급하는 임차료도 정상시가를 초과하지 않는 범위 내에서 지급하는 것이 안전하다.

    만약 차량관련비용을 법인카드로 결제하고 싶다면 해당 차량을 법인명의로 이전하면 된다. 법인이 대표로부터 차량을 인수한다는 계약서를 작성하되, 해당차량의 시가를 확인해서 시가대로 인수해야 한다. 이에 따라 법인소유의 차량으로 등록하면 이후 발생하는 모든 차량관련비용(감가상각비·유류비·보험료·자동차세 등)을 법인의 경비로 처리할 수 있다.

업무추진비와
복리후생비를 구별하라

☑ 업무추진비와 복리후생비의 두 가지 차이점

업무추진비는 사업과 관련해서 주로 거래처나 특정 고객들에게 제공하는 여러 가지 지출을 말한다. 거래처 임직원이나 고객과 함께 식사하는 것이 가장 일반적인 방식이지만 선물이나 상품권을 주는 등 지출형태는 다양하다.

이와 달리 **복리후생비**는 고용하고 있는 근로자들에게 정기적으로 지급하는 급여 이외에 직원복지를 위해 지출하는 각종 비용을 말한다. 사업장에서 제공하는 점심식사비, 회식비, 명절 선물비, 경조비 등이 이에 속한다.

누구를 위해 지출한 것인가만 다를 뿐, 두 가지 비용은 여러 가지 면에서 유사하다. 지출의 증거인 법정증빙도 비슷한데, 대부분 음식점이나 백화점 또는 마트 등에서 발행한 것이다. 그런데 증빙에는 누구를 위해 지출한 것인지 나타나지 않아 비용을 지출한 사람이 아니면 구분하기 어렵다. 따라서 두 비용이 서로 바뀌어 처리될 수도 있는데, 세법에서는 이들을 달리 취급하고 있다.

첫째, 업무추진비는 업무관련성이 있는 것이므로 경비로 인정하지만, 자칫 개인적인 경비를 업무추진비로 둔갑시킬 수도 있기 때문에 규제를 한다. 하지만 법인카드와 사업자의 개인카드를 사적으로 사용했는지 국세청에서 일일이 확인한다는 것은 현실적으로 불가능하다. 그래서 세법에서는 사업자마다 사용할 수 있는 업무추진비의 한도금액을 정해두고 해당 금액을 초과해서 사용한 금액을 경비로 인정하지 않는다. 이에 반해 복리후생비는 한도가 없다. 사업장 근로자의 복지를 위해 지출한 것이므로 증빙만 갖추었다면 이를 규제할 이유가 없기 때문이다.

둘째, 업무추진비와 관련해서 발생한 부가가치세 매입세액도 승용차와 마찬가지로 공제해주지 않는다. 소득세법이나 법인세법과는 달리 부가가치세법에서는 업무추진비와 매출과의 관련성이 높지 않다고 보는 것이다. 그러나 복리후생비는 관련된 매입세액을 모두 공제받을 수 있다.

결국 업무추진비는 경비인정한도가 정해져 있고 부가가치세도 공제(환급)가 불가능한데 반해, 복리후생비는 경비처리에 아무 제한이 없으며 부가가치세까지 공제된다는 점에서 차이가 있다. 그래서 때로는 업무추진비를 복리후생비로 둔갑시키는 사례도 있다.

위탁기장의 경우 발생하는 가장 큰 문제는 카드사용자가 아닌 다른 사람이 카드사용내역을 보고 회계처리한다는 점이다. 복리후생비 성격의 지출인데도 불구하고 업무추진비로 잘못 처리할 경우 한도초과나 부가가치세 불공제로 인해 손해를 보게 된다. 이 경우 만약 카드사용자가 매월 카드사용내역 중 사적으로 사용한 경비를 체크해주고, 업무추진비와 복리후생비를 구분해서 표시해준다면 이런 오류와 불이익을 사전에 제거할 수 있다.

☑ 어디까지가 복리후생비인가?

복리후생비와 급여의 가장 큰 차이는 원천징수여부다. 급여는 지급하는 사업체에서 경비로 인정받는 대신, 받는 사람에게는 소득세가 과세된다. 이 경우 소득세는 지급하는 사업자 또는 법인이 원천징수해야 한다. 하지만 복리후생비는 지출증빙이 있으므로 원천징수할 필요가 없다.

그렇다면 받은 사람의 입장에서는 급여보다 세금을 내지 않아도 되는 복리후생비가 좋아 보일 것이다. 하지만 명백하게 급여 성격인 비용을 복리후생비로 처리했다고 해서 소득세를 내지 않아도 된다고 생각하면 안 된다. 세법상 근로소득에는 급여 외에 급여성 대가가 모두 포함된다. **급여성대가**란 매월 정기적으로 지급하는 급여가 아니라도 급여와 동일하다고 보는 것으로서 근로소득에 포함되는 것을 말한다.

예를 들어, 근로자에게 급여와 별도로 지급하는 교통비나 차량유지비, 1인당 연간 10만 원을 초과하는 명절선물비용, 휴가비, 공로금, 개인의 보험료 대납액 등은 비록 복리후생비로 처리했다고 하더라도 모두 급여성대가에 해당하므로 소득세를 원천징수해야 한다.

자가운전보조금 비과세가 뭔가요?

비과세란 아예 소득으로 보지 않는 것을 말한다. 현재 모든 근로자가 적용받을 수 있는 비과세소득에는 매월 20만 원의 식대가 있다. 따라서 연간 총급여 중 240만 원은 근로소득에 포함되지 않고 건강보험과 국민연금보험료 산정시 보수월액에서도 제외되므로 소득세는 물론 공적보험료도 절감할 수 있다. 1인 법인의 대표자에게도 똑같이 적용할 수 있다.

사업장의 근로자가 자기 소유차량을 업무에 사용하는 경우 차량유지비를 법인카드로 사용하게 할 수도 있지만, 매월 20만 원 이내의 금액을 별도로 지급하는 경우 이를 **자가운전보조금**이라 한다.

특히 차량이 없는 소규모사업체로서 대외 영업활동이 많은 사업체의 경우 활용이 가능한 방법으로서, 근로자가 자가운전보조금으로 받은 돈을 업무관련 비용으로 보아 근로소득에 포함시키지 않는다. 이렇게 비과세 급여에 해당하면, 비과세식대처럼 근로소득세와 공적보험료 부담을 모두 줄일 수 있다. 두 가지를 합하면 연간 480만 원까지 비과세처리가 가능한 셈이다. 단, 차량의 소유자가 근로자이어야 하며(배우자와의 공동명의차량은 가능하지만 다른 가족명의는 불가능하다) 보조금을 지급하는 근로자에게 시내출장비를 따로 지급해서는 안 된다(지방이나 시외출장비는 상관없다).

아울러 <자가운전보조금 지급규정>을 만들어 두어야 한다. 이렇게 규정상 정해진 월 20만 원 이내에서 지급한 경우에는 관련 지출증빙이나 업무에 사용했다는 구체적 입증없이도 경비로 인정된다.

한편, 시외나 지방출장 등 장거리 출장의 경우에는 자가운전보조금과 별도로 출장비를 지급하고 관련 증빙을 갖추어도 되지만, 근로자 본인의 차량을 사용할 경우 유류비, 통행료, 주차비 등에 대해서 실제 비용을 지급하고 관련 증빙을 갖추어서 경비로 처리하면 된다.

일용근로자 인건비도 신고해야
경비로 인정된다

☑ 일용근로자 인건비는 이렇게 신고한다

인건비가 비싸다보니 요즘은 시간제 고용이 일반적이다. 일이 많은 시간대에 파트타임으로 고용하거나 한 달 중 작업이 많은 시기에만 집중적으로 고용하는 방식이다. 정식으로 고용하면 4대보험(국민, 건강, 고용, 산재보험)의 보험료를 내줘야 하는데다, 퇴사하면 퇴직금도 줘야 하는 등 인건비가 만만치 않기 때문이다.

근로자들은 자신이 받는 급여가 인건비의 전부라고 생각하지만 지급하는 사업체의 입장에서는 급여 이외에 추가로 나가는 비용이 엄청나다. 과세대상 급여가 300만 원일 경우 사업체가 부담하는 국민연금은 4.5%인 13만 5,000원이고 건강·고용보험료가 약 4%인 12

만 원이므로 보험료만 약 25만 원에 달한다. 한 달 급여에 해당하는 연간 퇴직금비용 300만 원을 12개월로 나누면 매월 25만 원의 비용이 추가된다. 여기에 이따금씩 제공하는 식사와 회식비, 명절선물비 등을 매월 10만 원만 잡아도 추가 인건비는 60만 원으로 급여 300만 원의 20%에 달한다.

이렇다보니 부가가치가 아주 높지 않은 이상, 사업마진의 상당부분이 근로자에게 가버리고 막상 사업자의 몫은 없는 경우가 많다. 결국 퇴직금과 공적보험료부담이 없는 일용직, 즉 아르바이트를 선호하게 된다. 일용직에게는 근무일수나 시간에 따라 일당을 지급하는데, 이를 급여가 아닌 **잡급**이라는 과목으로 경비처리한다.

일당도 받는 사람에게는 근로소득에 해당하므로 지급할 때 소득세를 원천징수해야 한다. 다만, 정규근로자가 아니므로 세금이 적고 원천징수도 매우 간단하다. 세법에서는 일용근로자의 필요경비를 하루에 15만 원으로 정해두고 있다. 따라서 일당에서 무조건 15만 원을 차감한 금액을 근로소득으로 보는데, 이에 대해 소득세 세율 중 가장 낮은 6%의 세율을 적용한다. 그리고 이렇게 계산된 산출세액의 55%를 세액공제해주기 때문에 사실상 일용근로자의 세금부담은 거의 없다고 보면 된다.

주의할 점은 일한 기간의 일당을 모두 모아서 한꺼번에 일괄지급하더라도 소득세는 위와 같이 일별로 즉, 일당을 기준으로 계산해야 한다. 결국 일당이 15만 원 이하라면 한꺼번에 몰아서 큰 금액을 지급하더라도 내야 할 세금이 없다는 뜻이다.

게다가 일용근로소득의 경우에는 **소액부징수**라는 제도가 있어서 세액공제를 차감한 결정세액이 1,000원 미만이면 원천징수하지 않아도 된다. 예를 들어, 일당이 18만 원일 경우 소득금액은 3만 원(= 18만 원 - 15만 원)이며 6%의 세율을 곱하면 산출세액은 1,800원이지만 55%의 세액공제를 차감하면 결정세액은 810원에 불과하므로 원천징수할 필요가 없다. 이를 거꾸로 역산해보면 일당 187,000원까지는 납부세액이 1,000원 미만이라 원천징수의무가 없다. 단, 일별로 매일 지급해야 하며 모아서 일괄지급하는 경우에는 총지급액에 대한 원천징수세액 합계액이 1,000원 미만이어야 하므로 소액부징수가 불가능하다.

건설기술자와 같이 전문기술을 갖춘 경우에는 일당이 20만 원을 초과해서 당연히 원천징수와 지급명세서의 제출로 소득파악이 쉬운데, 대부분의 일용직들은 일당이 적어 원천징수대상에서 제외된다. 그러다보니 일용노무비를 가공으로 넣어서 경비처리하거나 사업체의 자금을 빼돌리는 수단으로 악용하는 경우도 있다. 그래서 생긴 것이 **일용근로소득 지급명세서**인데, 이는 금액에 상관없이 모든 일용노무비를 대상으로 작성해야 한다. 따라서 일용노무비를 지급한 경우에는 다음달 말일까지 한달간의 지급 내역을 기재한 명세서를 홈택스를 통해 제출해야 경비로 인정받을 수 있다.

그런데 소득 당사자인 일용근로자들은 이런 지급명세서 제출을 오해하고 불편해하는 경우가 많다. 하지만 명세서를 제출한다고 해서 일용근로자에게 불이익이 돌아가는 것은 전혀 없다. 세법에서는 일용근로소득을 무조건 분리과세로 정해두었기 때문에 소득세는 원천징수한대로 부담하면 끝이다. 즉, 그 금액이 많다고 하더라도 본인의 종합소득에 포함되는 것이 아니므로 받은 소득에 대해 건강보험료가 부과되거나 정부지원금을 받는데 문제가 생길 일은 없다.

■ 소득세법 시행규칙 [별지 제24호서식(3)] <개정 2023. 3. 20 >　　　　　　　　　　　(3쪽 중 제1쪽)

일용근로소득 지급명세서(원천징수영수증)
([　] 소득자 보관용　　[　] 지급자 보관용)

외국인 여부 (예, 아니오)

원천징수 의무자 (지급자)	① 상 호 (법인명)		② 성 명 (대표자)	
	③ 사업자등록번호		④ 주민등록번호 (법인등록번호)	
	⑤ 소재지 (주 소)		⑥ 전화번호	
소득자	⑦ 성 명		⑧ 주민등록번호	
	⑨ 주 소		⑩ 전화번호	

⑪ 귀속연도

⑫ 지급월 [ ]1월 [○]2월 [ ]3월 [ ]4월 [ ]5월 [ ]6월
(해당 월에 'O') [ ]7월 [ ]8월 [ ]9월 [ ]10월 [ ]11월 [ ]12월

귀 속			⑯ 과세소득	⑰ 비과세소득	원천징수세액	
⑬ 근무월	⑭ 근무일수	⑮ 최종근무일			⑱ 소득세	⑲ 지방소득세
2월	7일	19일	1,400,000		9,450	940

1,400,000원 ÷ 7일 = 200,000원

(200,000원 - 150,000원) × 6% × (1-0.55) = 1,350원
1,350원 × 7일 = 9,450원

위의 일용근로소득(원천징수세액)을 지급(영수)합니다.

년　　월　　일

징수의무자(지급자)　　　　　　　　　　　　(서명 또는 인)

※ 서식작성에 관한 설명은 제2-3쪽의 작성방법을 참고하시기 바랍니다.

210mm×297mm[백상지80g/㎡ 또는 충질지80g/㎡]

☑ 일용근로자, 잘못쓰면 건강보험료와 국민연금을 내줘야 한다

일용근로자에 대한 인건비 부담이 낮다보니 많은 사업자들이 이를 통해 경비를 줄이고 싶어한다. 그런데 여기에도 함정이 숨어 있다. 세법에서는 동일한 사업장에서 3개월 이상 계속해서 근무하면 일용직으로 보지 않는다. 단, 건설업은 특성상 일용근로자가 많은데다 건설 기간이 비교적 길기 때문에 1년을 기준으로 한다.

즉, 근로자를 3개월(건설업의 경우 1년) 이상 계속 고용한 경우에는 일용직이 아니므로 상용근로자의 근로소득으로 소득세를 원천징수해야 하며, 1년 이상 근무한 경우에는 퇴직금도 줘야 한다. 공적 보험의 가입대상기준은 더 엄격해서 일용근로자라 하더라도 고용

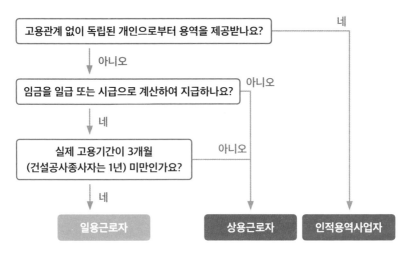

| 일용근로자·상용근로자·인적용역사업자 구분 기준 |

보험과 산재보험은 의무적으로 가입해야 한다. 국민연금과 건강보험은 고용기간이 1개월 이상이면서 근로시간이 한달에 8일 이상이거나 60시간 이상인 경우에는 공적보험에 가입해야 하며 보험료의 절반을 사업체에서 내줘야 한다.

그러므로 일용직을 사용할 때는 이런 점을 감안하여 매월 근로일수나 근로시간이 법정기준을 초과하지 않도록 하는 것이 바람직하다.

가족에게 지급한 인건비도
경비로 인정된다

☑ 급여는 어느 정도가 최적일까?

사업자의 가족이라고 해서 급여를 지급할 수 없는 것은 아니다. 중요한 것은 실제로 근무하는지의 여부이므로 만약 실제 근무하지 않거나 다른 직업을 갖고 있는 경우에는 세무상 경비로 인정받지 못한다.

가족을 근로자에 포함시킬 경우 급여 수준을 얼마로 하는 것이 최선인지는 상황별로 다르다. 급여책정시 고려요인은 사업체의 지불 능력과 세금부담이다. 오로지 소득세와 공적보험료 부담을 줄이기 위한 것이라면 급여가 적을수록 좋은데, 일반적으로 300만 원 내외가 가장 무난하다. 총급여가 300만 원일 경우 식대명목으로 매월

20만 원씩, 연간 240만 원을 비과세소득으로 처리할 수 있으므로 과세대상인 총급여는 3,360만 원이다. 근로소득의 필요경비 성격인 근로소득공제 1,029만 원을 차감하면 소득금액은 2,331만 원이며, 여기서 소득공제금액을 500만 원으로 가정하여 이를 차감하면 과세표준은 1,831만 원이 나와 산출세액은 150만 원 정도다. 만약 개인연금저축과 퇴직연금계좌IRP에 900만 원을 넣어 12%의 세액공제를 받으면 결정세액을 40만 원 수준으로 낮출 수도 있다. 이 정도면 소득세보다 오히려 국민연금과 건강보험료 부담액이 더 많이 나온다. 그래도 전반적으로 큰 부담은 없는 수준이다.

하지만 사업이 번창해서 사업체의 순이익이 많은 경우라면 세금을 좀 더 내더라도 가족에 대한 급여수준을 더 올려야 한다. 가족급여로 비용처리하지 않으면 모두 사업자의 종합소득으로 잡혀 결국 더 높은 세율로, 더 많은 세금을 내야 하기 때문이다.

법인의 경우도 마찬가지다. 법인의 이익을 계속 쌓아두는 것이 마냥 좋기만 한 것은 아니다. 법인에 남아 있는 이익잉여금은 온전히 법인의 재산인데, 그 재산가치가 해마다 늘어나면 언젠가 미래에는 그동안 미루어왔던 세금을 한꺼번에 내야 한다. 주식 양도시에는 양도소득세, 주식 증여시에는 증여세, 주식 상속시에는 상속세 그리고 법인을 청산할 때는 주주가 배당소득세를 내야 한다.

따라서 지급능력이 있는 사업체라면 본인이든 가족이든 충분한 급여지급을 통해 이익금을 매년 미리 분배해주는 것이 바람직하다.

11

개인사업자는 사업용자산을
팔더라도 소득세를 내지 않는다

사업용 자산에는 토지, 건물, 기계장치, 차량, 비품 등이 있다. 회계적으로는 이들을 유형자산이라고 한다. **유형자산**은 사업활동에 사용하기 위해 보유하는 것이므로 처분할 일은 자주 없다. 하지만 기계 등을 사용하다가 성능이 더 좋은 것으로 교체하거나 자금확보를 위해 보유하던 부동산을 팔 수도 있다. 유형자산의 매각은 재화의 공급거래이므로 세금계산서를 발행해서 매각금액의 10%를 부가가치세로 받아야 하는데, 이 경우 부가가치세를 제외한 처분가액과 장부상 금액이 다를 경우에는 **유형자산처분손익**이 발생한다.

만약 유형자산을 매각하고 처분이익이 발생했다면 이에 대해서 소득세를 내야 할까? 개인사업자의 경우 사업소득이란 사업활동으로 번 소득을 의미하므로 자산처분에 따른 손익은 포함되지 않는다. 회계적으로는 처분손익이 장부에 포함되지만 소득 계산시에는 세무조정을 통해 관련 손익을 제외시킨다.

단, 매출액이 일정규모 이상인 개인사업자는 처분손익(부동산은 양도소득세를 내게 되므로 사업소득에서 제외된다)을 사업소득에 포함시키며 승용차인 경우에는 처분손실을 1년에 800만 원까지만 인정하므로 만약 1,500만 원의 처분손실이 발생했다면 800만 원과 700만 원으로 나누어 2년에 걸쳐 경비로 인정받아야 한다.

그러나 법인의 경우에는 포괄과세원칙에 따라 원인을 가리지 않고 결과적으로 법인의 순자산이 증가한 것 모두를 법인소득에 포함시킨다. 따라서 유형자산처분손익은 물론, 주식이나 채권 등 금융자산을 매도해서 처분손익이 발생했다면 이를 모두 법인소득에 포함시킨다. 금융자산의 보유에 따른 이자와 배당금도 법인은 법인소득에 포함되지만, 개인사업자의 경우에는 각각 이자소득세와 배당소득세를 내는 것이므로 사업소득에는 포함되지 않는다.

결국 개인의 사업소득은 철저하게 사업활동에 따른 것만 포함시키는 셈이다. 따라서 금융회사 또는 주식에 투자한 회사에서 이자와 배당금을 줄 때 원천징수하는 것으로 세금납부절차가 마무리되며, 설령 그 금액이 연간 2,000만 원을 초과하더라도 이는 사업소득이 아닌 금융소득(이자소득과 배당소득을 합산한 것을 말한다)으로 종합소득에 포함되는 것이다. 한편, 법인도 승용차의 처분손실을 1년에 800만 원까지만 인정하는 것은 마찬가지다.

| 사업자가 자산을 양도한 경우 소득세 과세기준 |

항목	개인사업자	법인사업자
토지·건물	× (양도소득세 과세)	O
차량 등 기타유형자산	× (일정규모 이상인 사업자는 과세)	O
주식·채권	× (비상장주식은 양도소득세 과세)	O

▲ 일정규모 이상인 사업자란 매출액이 업종별로 정해진 금액 이상인 복식부기 기장의무자를 말한다.

12

자산평가와 충당금비용은
반영하지 않는 것이 편하다

사업체의 자산 중에는 보유기간동안 가치가 계속 변하는 자산이 있다. 예금·주식과 같은 금융자산과 부동산은 원래 취득한 금액과 현재 시가가 다를 수 있다. 정기예금에는 이자가 붙어 시간이 지날수록 그 가치가 올라가고 주식도 매일 가치가 변한다. 사업체가 갖고 있는 부동산도 마찬가지로 해마다 가치가 변동한다. 이 경우 원래 취득한 금액보다는 현재 시가가 더 의미있는 것이므로 재무회계에서는 이를 시가로 평가하는 것을 권장한다.

하지만 세법은 **권리의무확정주의**로 손익을 계산하기 때문에 당기에 아직 확정되지 않은 평가손익 등 미확정손익을 손익으로 보지 않는다. 예를 들어, 정기예금에 대한 미수이자(예금만기가 안되서 받을 권리가 아직 없음에도 불구하고 경과된 기간에 따라 계산한 발생이자를 말한다)를 수익으로 잡는다거나 자산을 시가로 평가하는 것을 권장하지 않는다. 시가로 평가하면 그 결과로 발생한 평가손익이 손익계산에 포함되는데, 이들은 아직 확정되지 않은 미실현손익이므로 소득을 계산할 때 제외시켜야 하기 때문이다. 따라서 이들 평가손익을 장부에 반영하면 소득세나 법인세를 계산할 때 세무조정을 통해 이들을 다시 제외시키는 수정작업을 해야 하는 번거로움이 있으므로 거래 당시 기록된 금액을 그대로 두는 것이 편하다.

아울러 확정되지도 않은 각종 충당부채, 예를 들면 퇴직급여충당부채도 어차피 세법에서는 이와 관련된 퇴직금비용을 경비로 인정하지 않으므로 결산할 때 이를 꼭 반영할 필요가 없다. 이렇게 회계처리를 아예 세법기준에 맞추어 한다면 따로 세무조정을 할 것이 없으므로 회계결과로 나온 세전순이익을 기준으로 소득세나 법인세를 계산해서 내면 된다.

퇴직급여충당부채가 뭔가요?

퇴직금은 퇴직시 한꺼번에 지급되지만 그 성격은 해당 근로자의 재직기간동안에 걸쳐서 발생하는 비용이다. 퇴직금도 급여와 같은 인건비에 해당하지만 매월 지급하는 방식이 아니라 퇴직시 한꺼번에 지급한다는 점만 다르다. 따라서 재무회계적으로 손익을 계산할 때는 퇴직금을 아직 지급하지 않았더라도 매년 발생한 퇴직금을 계산해서 비용으로 처리하고 그 금액을 미래 지급할 돈이라는 뜻에서 **퇴직급여충당부채**로 표시한다. 이렇게 비용처리를 했지만 당기에 퇴직금을 확정적으로 지급한 것이 아니므로 세법에서는 이를 경비로 인정하지 않는다.

13

직원들 퇴직금을
미리 비용으로 인정받으려면
퇴직연금에 가입하라

사업체의 근로자나 법인대표가 퇴사하면 퇴직금을 지급해야 한다. 퇴직금은 인건비로서 사업상 필요경비임에는 틀림없다. 세법에서는 퇴직급여충당부채를 경비로 인정하지 않기 때문에 대부분의 사업체에서는 근로자가 실제로 퇴직했을 때 지급한 금액을 퇴직급여라는 비용으로 처리하는 것이 일반적이다.

그러나 아직 퇴직하지 않고 근무중인 근로자라고 하더라도 근로자 명의의 퇴직연금계좌에 그해 연봉의 1/12을 퇴직금으로 미리 지급하는 경우에는 그 금액을 비용으로 처리하고 세무상 경비로 인정받을 수 있다. 이런 형태를 **확정기여**(DC)**형 퇴직연금**이라고 하는데 퇴직금을 매년 선지급하는 형태라고 생각하면 된다.

이 경우 퇴직금을 미리 지급했기 때문에 지급한 만큼 경비처리가 가능한 것이며 만약 퇴직연금에 가입하지 않고 나중에 퇴직할 때 퇴직금을 한꺼번에 주면 그때도 경비처리는 동일하게 가능한 것이므로 단지 경비처리를 앞당겨서 하는 것뿐이다.

다만, 퇴직금을 매년 나누어 미리 지급함으로써 퇴직금이 누적되어 불어나는 부담을 덜 수 있으며, 매년 급여가 인상되더라도 퇴직금이 따라서 늘어날 가능성(퇴직금은 퇴직 전 3개월의 평균급여를 기준으로 지급해야 하기 때문이다)이 없어진다는 것이 장점이다. 하지만 퇴직하지 않은 상태에서 퇴직연금에 가입해서 퇴직금을 매년 미리 지급하려면 사업체의 자금에 어느 정도 여유가 있어야 가능하다.

14

근로자를 채용했으면
세금공제를 꼭 받아야 한다

사업장의 매출이 늘어 혼자 힘으로 어려우면 사람을 뽑아야 한다. 물론 늘어날 인건비 부담을 고려하면 쉽지 않은 결정이다. 급여뿐만 아니라 퇴직금도 줘야 하고 4대 보험의 보험료도 부담해야 한다. 게다가 일단 사람을 뽑고 나면 함부로 내보내기가 어렵기 때문에 요즘 근로자를 채용하는 경우가 많지 않다.

그래서 만들어진 제도가 **고용증대세액공제**다. 개인이든 법인이든 사업장에서 근로자를 채용해서 작년보다 1명이라도 근로자 수가 늘어나면 근로자 1명당 일정 금액을 소득세나 법인세에서 공제해주는 제도다. 신규창업자의 경우 처음으로 근로자 1명을 채용하는 경우도 대상이 된다. 다만, 내국인으로서 단기근로자가 아닌 정규직 근로자이어야 하며 대표나 대주주의 배우자나 가족(직계존비속)

은 해당되지 않는다.

근로자 고용에 따른 세액공제금액은 매우 크다. 수도권은 850만 원, 비수도권은 950만 원의 세금을 3년간 공제해준다. 게다가 채용한 근로자가 청년(15~34세), 장애인, 60세 이상인 경우에는 공제금액이 수도권은 1,450만 원, 비수도권은 1,550만 원으로 각각 늘어난다. 결국 급여의 상당부분을 국가가 부담해주는 셈이다.

그런데 세액공제란 산출세액에서 공제하는 것이므로 산출세액이 없거나 적다면 무용지물이다. 따라서 산출세액이 위 금액을 넘어야 세액공제의 의미가 있다. 즉, 돈을 주는 것이 아니라 세금을 깎아주는 것이므로 세액공제혜택을 100% 누릴 수 없는 사업자가 공제를 받기 위해 근로자를 무리하게 채용할 필요는 없다는 뜻이다.

아울러 세액공제를 모두 받은 이후 2년 이내에 근로자수가 감소하면 공제받은 세액을 추징하므로 2년간은 고용을 유지해야 하는데, 실제로는 유지기간이 2년 이상일 수도 있다. 그 이유는 최저한세 적용으로 인해 세액공제를 한 해에 다 받기가 어렵기 때문이다.

최저한세란 세액공제가 지나치게 많아서 낼 세금이 없더라도 최소한의 세금(중소기업은 과세표준의 7%)을 내야 하는 제도인데, 최저한세의 적용으로 미처 공제받지 못한 금액은 다음 연도로 이월시켜서 길게는 10년간 나누어 공제받아야 한다. 세액공제가 늦어지면 그에 따라 의무적으로 유지해야 하는 고용기간도 연장될 수밖에 없다.

CHAPTER

4

사업번창기

많이 버는 만큼 많이 털리니
세금이 무섭고 절세가 아쉽다

01

매출이 어느 정도면 국세청에서
관심갖고 지켜볼까?

☑ 국세청에는 존재감이 없는 것이 좋다

모든 사업자가 매출을 많이 달성하고 싶어하지만, 막상 매출이 늘어날수록 세무위험도 커진다. 이른바 하이리스크 하이리턴^{High Risk High Return}의 원칙이 여기에도 적용되는 셈이다.

세무위험^{Tax Risk}이란 고의든 과실이든 신고내용에 잘못이 있어 신고한 이후에 가산세를 포함해 추징당할 가능성을 말한다. 위험의 시작점은 사업체의 존재감이며 존재감을 구분하는 기준은 매출이다.

매출이 너무 적어 존재감이 없을 때에는 돈을 벌든, 못 벌든 국세청에서 아예 쳐다보지도 않지만, 어느 정도 매출이 나오는 시점부터는 국세청에서 예의주시하게 된다. 그 이유는 소득이 증가할수록 내야 할 세금이 많아지고 이에 따라 **세금탈루**(고의적으로 소득을 줄이거나 빼돌리는 것을 말한다)의 가능성도 높아지기 때문이다.

납세자가 소득을 탈루했더라도 일정 기간이 지나면 세금을 부과하지 못하는데 이를 **제척기간**이라고 한다. 일반적인 경우 제척기간은 5년이다. 법인의 경우 아주 작은 소규모법인을 제외하고는 5년 주기로 세무조사를 실시하는데, 이는 지난 5년 동안 신고했던 내용에 탈루나 변칙처리 등이 없었는지 사후적으로 일괄검증하는 것이다. 세금을 부과할 수 있는 제척기간이 5년이므로 국가가 행사할 수 있는 세금부과권이 소멸되지 않도록 매 5년마다 털어내는 것이라고 생각하면 된다.

그러나 개인사업자는 워낙 숫자가 많은데다, 대부분 규모도 작고 영세하다. 그래서 세법에서는 매출액을 기준으로 개인사업자를 등급별로 분류하고 있다. 매출액이 일정규모를 넘어서는 경우 국가가 나름 신경써서 관리해야 할 사업자로 보는 것이며, 아주 규모가 큰 경우에는 사실상 법인과 비슷한 수준으로 규제하고 관리한다.

따라서 개인사업자는 현재 자신의 매출수준이 세법상 어느 등급에 속해 있는지 알아야 하며, 앞으로 매출이 늘어날 때 어떤 세무위험이 생길지 미리 대비해야 한다. 우리나라 개인사업자의 80%는 도·소매업과 음식점업 그리고 서비스업이므로 이들 업종을 중심으로 각 등급별 매출액이 얼마인지 알아보자.

☑️ 매출규모에 따른 개인사업자의 분류기준

● 단순경비율 적용 대상 사업자

개인사업자와 법인의 차이점 중 하나가 장부기장의무다. 법인은 무조건 복식부기장부를 작성해야 하지만 개인은 일정규모를 초과하지 않는다면 꼭 복식부기장부를 작성하지 않아도 된다. 장부없이 세금을 계산하는 것을 **추계과세**라고 하며 이때 적용되는 경비율이 **단순경비율**이다. 단순경비율 사업자는 장부기장조차 안해도 될 정도로 매출규모가 영세한 사업자를 말한다.

연간 매출(수입금액)이 5,000만 원이고 단순경비율이 80%라면, 실제 지출한 필요경비가 얼마이든 상관없이 이 사업자의 소득은 수입금액에 20%((1-경비율)로서 이를 소득률이라고 한다)를 곱한 1,000만 원으로 간단하게 계산된다. 단순경비율은 업종별로 다른데 국세청 홈페이지(www.nts.go.kr)에서 쉽게 조회할 수 있다. 이렇게 국가가 정해준 경비율대로 경비를 넣는다면 지출증빙을 따로 갖출 필요도 없으며 경비부분에서 가공경비가 들어갈 여지가 전혀 없는 셈이다. 결국 부가가치세 신고시 매출신고만 제대로 하면 소득세신고와 납부절차는 아주 간편하게 자동으로 이루어질 수 있다.

| 단순경비율에 의한 소득금액 계산 |

신고된 수입금액 5,000만 원	
4,000만 원(필요경비) 단순경비율 : 80%	1,000만 원 (사업소득)

| 단순경비율과 기준경비율 |

| 업종코드 | 업 종 명 | 단순경비율 | | 기준경비율 |
		기본율	초과율	
552101	음식 / 한식일반	89.7		10.2
552102	음식 / 중국음식점	88.4		11.4
552103	음식 / 일본음식점	86.7		9.2
552104	음식 / 서양음식점업	87.4		11.6
552107	음식 / 치킨	86.1		9.7
552108	음식 / 분식집, 간이음식점	91.0		12.5
930203	서비스 / 일반미용(미장원)	82.4		19.3
930205	서비스 / 피부미용(피부관리실)	85.8		18.9
940306	서비스 / 1인미디어콘텐츠창작자	64.1	49.7	15.1
940912	서비스 / 개인간병인	80.2	72.3	22.0
940913	서비스 / 대리운전기사	73.7	63.2	28.1
940914	서비스 / 골프장캐디	67.3	54.2	15.6
940918	서비스 / 퀵서비스배달원	79.4	71.2	27.4
940920	서비스 / 학습지방문강사	75.0	65.0	22.0

▲ 서비스업 중 인적용역사업자(940***)의 단순경비율 적용시 수입금액 4,000만 원 이하에는 기본율을 적용하고 4,000만 원 초과분에는 초과율을 적용한다. 또한 임차료가 발생하지 않는 자가사업장인 경우에는 단순경비율에 0.3%를 차감하고 기준경비율에 0.4%를 가산하여 적용(도·소매업과 부동산업은 적용제외)한다. 한편, 기준경비율을 적용하는 경우에는 실제 지출한 매입비용, 임차료, 인건비를 필요경비에 따로 포함시키므로 기준경비율이 매우 낮다.

과세대상연도의 직전연도 매출액을 기준으로 매출이 다음 금액 미만일 때 단순경비율을 적용할 수 있다. 이런 규모라면 세금도 매우 적은 수준일 것이며 그야말로 존재감이 거의 없는 사업자인 셈인데, 편의상 C등급(소)이라고 하자. 현재 전체 개인사업자의 36%가 이에 해당한다.

　주의할 점은 적용대상을 판단하는 기준이 당해 연도가 아니라 직전연도라는 점이다. 예를 들어 20○4년의 소득세를 20○5년 5월에 신고하는데, 과세대상기간이 20○4년이므로 20○3년의 매출을 기준으로 적용대상을 판단한다. 그 이유는 20○4년부터 어떤 방법으로 소득을 계산할지 연초에 정해야 하므로 직전연도의 매출을 기준으로 하는 것이다.

| 단순경비율 적용대상 사업자 |

업종	매출액(전년도 수입금액)
도·소매업	6,000만 원 미만
제조·건설업, 음식숙박업, 금융보험업, 정보통신업	3,600만 원 미만
부동산임대업, 사업서비스업, 교육서비스업, 보건의료업	2,400만 원 미만

▲ 사업서비스업 중 사업장이 없고 근로자도 고용하지 않는 인적용역사업자(940***)는 3,600만 원 미만시 단순경비율을 적용한다.

● 기준경비율 적용대상 사업자

업종별 매출이 앞서 정해진 금액을 초과하면 단순경비율을 적용받지 못하며 **기준경비율**을 적용해야 한다. 물론 어떤 경우라도 장부를 작성한 경우에는 장부상 계산된 필요경비를 차감해서 소득을 계산하는 것이며 단순 및 기준경비율은 장부가 없을 때 적용하는 방식이다.

만약 단순경비율이나 기준경비율 적용대상임에도 불구하고 장부를 작성했다면 산출세액의 20%(100만 원 한도)에 해당하는 세액공제(이를 기장세액공제라고 한다)를 받을 수 있다. 기준경비율 적용대상 사업자는 다음과 같으며 역시 신고대상 연도의 직전연도 매출을 기준으로 판단한다.

| 기준경비율 적용대상 사업자 |

업종	매출액(전년도 수입금액)
도·소매업	6,000만 원 ~ 3억 원 미만
제조·건설업, 음식숙박업, 금융보험업, 정보통신업	3,600만 원 ~ 1억 5,000만 원 미만
부동산임대업, 사업서비스업, 교육서비스업, 보건의료업	2,400만 원 ~ 7,500만 원 미만

단순경비율 적용대상에 비하면 매출이 제법 나오는 사업자로서 우리나라 개인사업자의 28%가 이 구간에 속한다. 편의상 B등급(중)이라고 하자. 이 구간에 있는 사업자로서 만약 장부를 작성하지 않았다면 기준경비율로 소득을 계산한다. 다만, 매출 규모가 좀 되는 사업자이므로 단순경비율과 달리 기준경비율에 따른 추계과세와 근거과세를 병행하는 방식을 사용한다.

즉, 사업의 3대 주요경비인 매입비용, 임차료, 인건비(급여·퇴직급여·일용노무비로서 복리후생비는 제외됨)는 반드시 증빙이 있어야 한다. 상대방에게 지급할 때 법정증빙(매입비용과 임차료는 세금계산서를 받고, 인건비는 원천징수에 따른 지급명세서를 제출해야 한다)을 받아야 하며, 그만큼만 경비처리가 가능하다. 이때 증빙을 갖추면 되는 것이며 따로 장부를 작성해야 하는 것은 아니다.

그 외 다른 비용에 대해서는 증빙없이 정해진 기준경비율만큼 경비가 인정된다. 그러므로 기준경비율은 3대 경비를 제외한 부분에 대한 것이므로 그리 높지 않다. 예를 들어, 소매업의 경우 연간 매출이 2억 원, 매입비용과 임차료, 인건비의 증빙금액이 총 1억 5,000만 원이고 기준경비율이 10%라면 소득금액은 3,000만 원(= 2억 원 - 1억 5,000만 원 - (2억 원 × 10%))으로 계산된다.

| 기준경비율에 의한 소득금액 계산 |

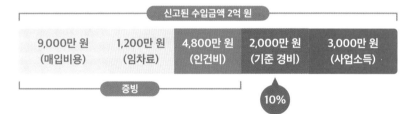

▲ 기준경비율은 업종마다 정해진 비율을 적용하며, 매입비용은 세금계산서 등 증빙으로 확인된 금액으로서 운송비 등 부대비용을 제외한 순수매입비용을 말한다.

이 구간에 해당하는 사업자가 필요경비를 더 많이 인정받기 위해 기장을 하더라도 꼭 복식부기장부를 작성할 필요는 없다. 즉, 간편장부를 작성해도 장부를 작성한 것으로 인정해주는데, **간편장부**란 가계부처럼 매일의 거래결과를 단순히 정리해서 기입하는 형태다. 어려운 회계지식이나 회계프로그램이 없어도 작성할 수 있으며 종합소득을 신고할 때 그 내역을 기재한 **간편장부소득금액계산서**를 제출하면 된다.

■ 소득세법 시행규칙 [별지 제82호서식] <개정 2021. 3. 16.>

(앞쪽)

간편장부소득금액계산서(　　귀속)

①주소지				②전화번호			
③성 명				④생년월일			
사업장	⑤ 소　재　지						
	⑥ 업　　종						
	⑦ 주 업 종 코 드						
	⑧ 사업자등록번호						
	⑨ 과 세 기 간	．．．부터 ．．．까지	．．．부터 ．．．까지	．．．부터 ．．．까지	．．．부터 ．．．까지		
	⑩ 소 득 종 류	(30, 40)	(30, 40)	(30, 40)	(30, 40)		
총수입금액	⑪장 부 상 수 입 금 액	200,000,000					
	⑫수입금액에서 제외할 금액						
	⑬수입금액에 가산할 금액						
	⑭세무조정 후 수 입 금 액 (⑪-⑫+⑬)	200,000,000					
필요경비	⑮장 부 상 필 요 경 비 (부표 ㊸의 금액)	190,000,000	← 총수입금액 및 필요경비명세서				
	⑯필요경비에서 제외할 금액						
	⑰필요경비에 가산할 금액						
	⑱세무조정 후 필요경비 (⑮-⑯+⑰)	190,000,000					
⑲차가감 소득금액(⑭-⑱)		10,000,000					
⑳기부금 한도초과액							
㉑기부금이월액 중 필요경비 산입액							
㉒ 해 당 연 도 소 득 금 액 (⑲+⑳-㉑)		10,000,000					

「소득세법」 제70조제4항제3호 단서 및 같은 법 시행령 제132조에 따라 간편장부소득금액계산서를 제출합니다.

년　　월　　일

제 출 인　　　　　　　　　　　　　　(서명 또는 인)

세무대리인　　　　　　　　　　　　(서명 또는 인)

세 무 서 장 귀하

첨부서류	총수입금액 및 필요경비명세서(별지 제82호서식 부표) 1부	수수료 없음

■ 소득세법 시행규칙 [별지 제82호서식 부표] <개정 2021. 3. 16.>

(앞쪽)

총수입금액 및 필요경비명세서(귀속)

①주소지			②전화번호			
③성 명			④생년월일			
사업장	⑤ 소 재 지					
	⑥ 업 종					
	⑦ 주 업 종 코 드					
	⑧ 사업자등록번호					
	⑨ 과 세 기 간	. . .부터 . . .까지	. . .부터 . . .까지	. . .부터 . . .까지	. . .부터 . . .까지	
	⑩ 소 득 종 류	(30, 40)	(30, 40)	(30, 40)	(30, 40)	
장부상 수입금액	⑪ 매 출 액	200,000,000				
	⑫ 기 타					
	⑬ 수입금액 합계(⑪+⑫)	200,000,000				
필 요 경 비	매 출 원 가	⑭ 기 초 재 고 액	20,000,000			
		⑮ 당기 상품매입액 또는 제조비용(㉔)	90,000,000			
		⑯ 기 말 재 고 액	5,000,000			
		⑰ 매출원가(⑭+⑮-⑯)	105,000,000			
	제 조 비 용	재 료 비	⑱ 기초 재고액			
			⑲ 당기 매입액			
			⑳ 기말 재고액			
			㉑ 당기 재료비 (⑱+⑲-⑳)			
		㉒ 노 무 비				
		㉓ 경 비				
		㉔ 당기제조비용(㉑+㉒+㉓)				
	일 반 관 리 비 등	㉕ 급 료	48,000,000			
		㉖ 제 세 공 과 금	3,500,000			
		㉗ 임 차 료	12,000,000			
		㉘ 지 급 이 자	10,000,000			
		㉙ 업 무 추 진 비	3,000,000			
		㉚ 기 부 금	1,000,000			
		㉛ 감 가 상 각 비	2,000,000			
		㉜ 차 량 유 지 비	1,000,000			
		㉝ 지 급 수 수 료				
		㉞ 소 모 품 비	500,000			
		㉟ 복 리 후 생 비	2,000,000			
		㊱ 운 반 비				
		㊲ 광 고 선 전 비				
		㊳ 여 비 교 통 비				
		㊴ 기 타	2,000,000			
		㊵ 일반관리비등계 (㉕~㊴의 합계)	85,000,000			
	㊶ 필요경비 합계 (⑰+㊵)		190,000,000	◀ 간편장부소득금액계산서		

210mm×297mm[백상지 80g/㎡ 또는 중질지 80g/㎡]

● 복식부기기장 의무자

매출이 더 많아져 다음 금액을 초과하면 이를 **일정규모이상 사업자**라고 한다. 이렇게 매출액이 일정규모를 넘어서면 이전과 다른 여러 가지 규제와 간섭이 따르게 된다. 즉 이 정도면 제법 사업규모가 크다고 보며 A등급(대)이라고 하자.

| 복식부기기장 의무자 |

업종	매출액(전년도 수입금액)
도·소매업	3억 원 이상
제조·건설업, 음식숙박업, 금융보험업, 정보통신업	1억 5,000만 원 이상
부동산임대업, 사업서비스업, 교육서비스업, 보건의료업	7,500만 원 이상

이름 그대로 개인사업자도 법인처럼 복식부기장부를 작성해서 장부에 표시된 수입금액과 필요경비를 토대로 소득을 계산해야 한다. 만약 이 구간의 사업자가 장부를 작성하지 않았다면 기준경비율로 소득을 계산할 수밖에 없는데, 이때는 기준경비율의 1/2만 인정하며, 산출세액의 20%와 수입금액의 0.07% 중 큰 금액을 가산세로 내야 한다. 아울러 매출규모가 큰데도 불구하고 장부기장을 하지 않았다는 것은 뭔가 숨기는 것으로 오해할 수 있으므로 세무조사대상에 선정될 위험도 있다. 따라서 이 구간부터는 반드시 장부기장을 해야 한다.

또한 소득세는 사업장이 아니라 개인별로 내는 것이므로 사업자가 업종이 다른 사업장을 여러 개 가지고 있는 경우에는 사업장별 수입금액을 합산하여 계산한다. 이때 수입금액이 가장 많은 사업장을 주된 사업장으로 보고 다른 사업장의 수입금액을 주된 사업장의 수입으로 환산해서 합산한 금액으로 따진다.

예를 들어, 2개의 사업장을 갖고 있는데 도·소매업 매출이 2억 원이고 제조업 매출이 1억 원이라면 각각의 매출은 일정규모를 초과하지 않는다. 하지만 제조업 매출을 주된 매출인 도·소매업 매출로 환산하면 2억 원(= 1억 원 × 3억 원/1.5억 원)인데, 이를 도·소매업 매출액 2억 원에 합산하면 총수입금액은 4억 원으로서 3억 원 이상이므로 복식부기기장 의무자에 해당한다.

● 성실신고확인대상 사업자

사업이 더욱 번창해서 연간 매출이 다음 금액을 넘어가면 이제는 **성실신고확인대상**이 되는데 이를 S등급(특대)이라고 하자. 주의할 점은 앞의 경우와 달리 성실신고확인대상 여부 판정은 기장 의무를 판단하기 위한 것이 아니므로 당해연도 매출을 기준으로 한다는 것이다.

예를 들어, 서비스업을 하는 사업자의 매출이 올해 처음으로 5억 원이 넘었으면 올해부터 적용대상이므로 당장 내년 5월에 종합소득세를 신고할 때부터 성실신고확인대상이 된다.

| 성실신고확인대상 사업자 |

업종	매출액(당해연도 수입금액)
도·소매업	15억 원 이상
제조·건설업, 음식숙박업, 금융보험업	7억 5,000만 원 이상
부동산임대업, 사업서비스업, 교육서비스업, 보건의료업	5억 원 이상

성실신고확인이란 매출이 워낙 많기 때문에 소득의 탈루가능성이 매우 높다고 보고, 종합소득을 신고하기 전에 미리 전문가의 검증을 받도록 하는 것을 말한다. 이미 복식부기로 기장을 하고 있지만 특히 비용부분에서 사적인 경비, 가족에 대한 인건비 지급, 업무추진비, 승용차관련비용 등 다양한 항목에 대해 세무사나 회계사 등 전문가로부터 확인을 받아야 한다. 확인에 걸리는 시간을 감안하여 이 구간의 사업자들은 종합소득세신고를 6월말까지 한다. 성실신고 확인과정에서 수수료비용이 발생하지만 세액공제를 통해 그 비용의 60%(150만 원 한도)를 지원받을 수 있다.

사실 이 구간의 개인사업자들은 이미 거래하는 세무사사무실을 통해 복식부기기장도 하고 세무신고도 전문가에게 맡겨서 하고 있다. 하지만 세무대리도 서비스업이다보니 납세자의 요구사항(대부분 세금을 줄여서 신고해주기를 희망한다)을 완전히 무시하기 어려워 간혹 가공경비 등을 통한 소득금액조절(실무에서는 이를 마사지라고 표현한다)이 발생하기도 한다. 하지만 성실신고확인대상이 되는 순간부터 이런 것들이 불가능해진다.

그 이유는 성실신고확인결과 아무 문제가 없는 것으로 확인하고 성실신고확인서를 제출했음에도 불구하고 나중에 신고된 내용에 탈루가 드러난다면, 가산세를 포함한 추징세액을 납세자에게 부과하지만 확인을 제대로 하지 않은 세무사 등에게도 업무정지 등 고강도의 징계가 따르기 때문이다.

그러므로 성실신고확인대상이 되면 세무대리인도 예전과는 달리 더 엄격하게 확인할 수밖에 없으며 문제가 될만한 경비항목을 아예 제외시켜 신고하게 된다. 따라서 이 단계에서는 사업자의 세금이 그 이전과 확연히 다를 정도로 많아진다. 이 제도를 도입한 초기만 해도 성실신고확인대상자가 많지 않았지만 인플레이션에 따라 매출이 점점 증가하다보니 지금은 성실신고확인대상자가 많이 늘었으며 앞으로도 계속 증가할 가능성이 높다.

따라서 지금은 비록 이 구간에 속하지 않는 사업자라고 하더라도 성실신고확인서의 주요체크사항을 보면 국세청에서 평소 주의 깊게 보는 것이 무엇인지, 어떤 것이 세무상 위험을 초래할지 등을 알 수 있으므로 참고할 만하다. 한편, 법인은 성실신고대상이 아니지만 특수한 경우(부동산임대업이 주업이거나 부동산임대·이자·배당수입이 전체 매출의 50% 이상이고 지배주주와 그 특수관계인이 보유한 주식비중이 50%를 초과하고 임직원수가 5인 미만으로서 3가지 요건에 모두 해당하는 법인)에는 성실신고확인을 의무적으로 받아야 한다.

성실신고확인 결과 주요항목 명세서

3. 수입금액 검토

가. 수입금액 내역 검토

1) 수입금액 내역

(단위 : 천원)

업 태	종 목	업종코드	수입금액
계			

2) 수입금액 검토(단위 : 천원)

합계 (①=②+③)	부가가치세 신고			사업장현황 신고(③)	신고수입 (④)	차이금액 (④-①)
	소계(②)	과세분	면세분			
차이 원인						

나. 매출증빙발행 현황

(단위 : 천원)

수입금액 계(①)	매출증빙발행 금액(②)					차이금액 (①-②)
	세금계산서 (㉮)	계산서 (㉯)	신용·선불 직불 카드(㉰)	현금영수증 (㉱)	지 로 (GIRO) (㉲)	
차이원인						

* ㉮와 ㉰,㉱,㉲가 중복될 경우 ㉮에 기재하고, ㉯와 ㉰,㉱,㉲가 중복될 경우 ㉯에 기재하여
  ㉮부터 ㉲항목간의 금액이 중복기재되는 경우가 발생하지 않도록 작성

4. 필요경비에 대한 적격증빙 수취여부 등 검토

가. 손익계산서[1] 항목

(단위 : 천원)

항 목	당기 지급액	적격증빙[2] 수취 의무 제외		적격증빙 수취 의무			
		건당 3만 원이하	기타[3]	계	적격증빙	적격증빙 외의 증빙	증빙불비
①당기매입액							
②의약품비							
③복리후생비							
④여비교통비							
⑤임차료							
⑥보험료							
⑦수선비							
⑧업무추진비							
⑨광고선전비							
⑩운반비							
⑪차량유지비							
⑫지급수수료							
⑬판매수수료							
⑭소모품비							
⑮인적용역비							
⑯기타 판매비 및 관리비							
⑰영업외비용							

1) 제조업, 광업, 채석업, 건설업 그밖에 별도의 원가계산이 필요한 업종은 하단의 나. 원가명세서를 먼 저 작성한 후 원가명세서에 기재된 각 항목 비용 외의 비용만 손익계산서에 기재
2) 적격증빙 : (세금)계산서, 현금영수증, 신용(직불.선불)카드매출전표, 매입자발행세금계산서
3) 소득세법 시행령 제208조의 2의 제2호부터 제9호에 열거하는 것에 한함

< 손익계산서상 급여지급현황 >

(단위 : 천원)

항 목	당기 지급액(①)	지급명세서 제출금액			차이금액 (①-②)
		계(②)	근로소득 (연말정산)	근로소득 (일용근로)	
급여와 임금 · 제 수 당					

5. 3만 원 초과 거래에 대해 적격증빙이 없는 비용의 명세

(단위 : 천원)

계정 과목	공급자					적격증빙 미수취사유
	거래일자	상호	성명	금액	거래내용	
계						

6. 배우자 및 직계존비속과의 거래 검토

가. 배우자 및 직계존비속과의 거래내역(인건비 제외)

(단위 : 천원)

성명	사업자등록번호	관계	거래내역			
			품목	거래수량	단가	금액

* 배우자, 직계존비속이 사업자등록을 하지 않은 개인인 경우 사업자번호 란에는 주민등록번호를 기입

나. 배우자 및 직계존비속에 대한 인건비(일용직, 아르바이트 직원 포함) 지급명세

(단위 : 천원)

성명	주민등록번호	관계	입사일 (퇴사일)	담당 직무	지급액	지급명세서 제출금액

7. 차량소유현황(업무용에 한함)(단위 : 천원)

차종	배기량	차량번호	취득일	보험계약상 소유자	용도	취득금액

8. 사업용계좌

가. 계좌별 사용현황

(단위 : 천원)

사업용 계좌		기초 잔고	입 금	출 금	기말 잔고
개설은행	계좌번호				

나. 사용대상 과목별 사용현황

1) 재화.용역의 거래대금

(단위 : 천원)

구 분	금융회사 등의 결제금액(①)	사업용계좌 거래금액(②)	차이내역(③ : ① - ②)	
			금액	사유
입 금				
출 금				

* 재화.용역의 거래대금 중 금융회사 등을 통한 결제금액을 ①란에 기재하고, 그 중 사업용계좌 거래금액을 ②란에 작성. 다만, 금융회사 등을 통한 결제금액(①) 중 사업용계좌거래금액(②)에 누락된 내용이 있는 경우 차이내역란(③)에 금액과 사유를 작성

2) 인건비와 임차료의 지급

(단위 : 천원)

구 분		금융회사 등의 결제금액(①)	사업용계좌 거래금액(②)	차이내역(③ : ① - ②)	
				금액	사유
인건비	입금				
	출금				
임차료	입금				
	출금				

* 인건비 및 임차료 중 금융회사 등을 통한 결제금액을 ①란에 기재하고, 그 중 사업용계좌 거래금액을 ②란에 작성. 다만, 금융회사 등을 통한 결제금액(①) 중 사업용계좌거래금액(②)에 누락된 내용이 있는 경우 차이내역란(③)에 금액과 사유를 작성

성실신고확인 결과 특이사항 기술서

항 목	특 이 사 항	비 고
사업현황		
수입금액		
적격 증빙 비용	<3만 원 초과 거래에 대한 적격증빙 비치 여부>	
	<3만 원 초과 거래에 대한 장부상 금액과 적격증빙금액 일치 여부>	
	<소득세법 시행규칙 별지 제40호의5서식「영수증수취명세서」작성시 적격증빙 없는 비용에 대한 내역 누락 여부>	
	<현금지출 항목 또는 적격증빙없는 항목에 대한 업무무관 여부>	
인건비	(예시) · 납세자의 배우자 및 직계비속에게 지급한 인건비 · 납세자의 배우자 및 직계비속 중 재학, 해외 유학 또는 군복무 중인 자에게 지급한 인건비	
차량유지비	(예시) · 사업용 차량수를 고려할 때 과다계상된 주유비 · 사업규모.근무자 수에 비해 과다한 차량에 대한 주유비 · 납세자의 배우자 및 직계비속 소유의 차량에 대한 주유비	
통신비	(예시) · 가족.친척 등의 명의로 지급한 통신비 · 업무와 관련 없는 통신기기에서 발생하는 통신비	
복리후생비	(예시) · 접대성 경비를 복리후생비로 계상 · 가족 및 개인용도로 지출한 비용을 복리후생비로 계상	
업무추진비	(예시) · 국내관광지 및 해외 여행 지출 경비 · 업무와 관련이 없는 유흥주점 지출 경비	
이자비용	(예시) · 채권자가 불분명한 차입금에 대해 계상한 이자비용 업무무관자산을 취득하기 위한 차입금에 대해 계상한 이자비용	
감가상각비	(예시) · 업무와 관련이 없는 자산에 대한 감가상각비 계상	
건물관리비	(예시) · 납세자의 배우자 및 직계존비속이 사용하는 건물의 관리비 계상	
지급수수료	(예시) · 종업원의 봉사료와 관련하여 계상된 카드수수료 업무와 관련 없는 부동산 취득에 따른 관련 수수료	
성실신고 확인자 종합의견		

지금까지 살펴본 개인사업자의 매출규모에 따른 과세방식과 세무리스크를 표로 정리하면 다음과 같다.

| 사업규모별 과세방식과 세무리스크 정도 |

업종	단순경비율 적용대상	기준경비율 적용대상	복식부기기장 의무자	성실신고확인 대상
도·소매업 등	6,000만 원 미만	6,000만 원~ 3억 원 미만	3억 원 이상	15억 원 이상
음식점업 등	3,600만 원 미만	3,600만 원~ 1.5억 원 미만	1.5억 원 이상	7.5억 원 이상
서비스업 등	2,400만 원 미만	2,400만~ 7,500만 원 미만	7,500만 원 이상	5억 원 이상
규모	소	중	대	특대
세무리스크	낮음	중간	높음	매우 높음

02

매출이 일정규모를 넘어가면
이런 것이 달라진다

개인사업자는 업종별로 매출이 일정규모를 넘어가면 복식부기 장부를 의무적으로 만들어야 하는 등 다음에 열거한 것들이 그 이전과 달라진다.

첫째, 복식부기에 의한 장부기장이 의무사항이므로 복식부기장부가 없으면 가산세가 부과된다. 그리고 기장이 의무이므로 기장을 했다고 하더라도 그에 따른 세액공제혜택은 없다.

둘째, 사업용 승용차에 대한 규제를 받는다. 승용차 1대당 연간 1,500만 원까지는 관련비용을 경비로 처리할 수 있지만, 그 금액을 초과할 경우에는 차량운행기록부 작성을 통해 승용차를 업무와 상관없이 개인적인 목적으로 사용한 사실이 없음을 밝혀야 한다. 업무적으로 사용한 금액에 대해서도 감가상각비는 1년에 800만 원까지만 인정하며 초과금액은 이월시켜서 나중에 경비로 인정한다.

예를 들어, 차량가격이 8,000만 원인 승용차를 개인용도로 사용한 사실이 없다고 하더라도 감가상각비는 1년에 800만 원까지만 인정되므로 감가상각비를 모두 경비로 인정받는데 10년이 걸리는 셈이다. 뿐만 아니라 자동차보험에 가입할 때 피보험자를 사업자를 포함한 사업체의 근로자로 한정해야 한다. 더불어 승용차를 매각한 경우 발생한 처분손실도 1년에 800만 원까지만 인정하며 초과금액은 다음연도로 이월시켜 다음 해에 경비로 인정한다.

셋째, 유형자산의 매각에 따른 손익(토지·건물은 양도소득세를 내야 하므로 처분이익이 사업소득에서 제외된다)은 원래 사업소득에 포함되지 않지만 일정규모 이상인 사업자는 이를 사업소득에 포함시킨다. 그러므로 차량이나 기계장치 등 유형자산을 장부상 금액보다 비싸게 팔아서 처분이익이 발생하면 이에 대해 사업소득세를 내야 한다. 그러나 반대로 손실이 발생한 경우라면 처분손실을 경비로 인정받아 소득세를 덜 낼 수도 있다.

넷째, 사업용계좌를 의무적으로 사용해야 한다. 사업용계좌란 사업자의 은행계좌를 국세청에 등록한 것을 말하는데, 사업의 주요 3대경비인 매입비용, 임차료, 인건비를 지급할 때는 반드시 이 계좌에서 이체지급해야 한다. 이는 국세청에서 사업체의 주요경비가 언제, 누구에게, 얼마가 지급됐는지 확인하고 이를 통해 급여에 대한 원천징수 및 임대인 등 상대방 소득자의 수입신고가 맞는지 상호확인하기 위한 것이다. 일정규모 이상인 사업자가 사업용계좌를 사용하지 않은 경우에는 미사용금액에 대해 가산세가 부과된다.

원래 사업용계좌는 복식부기기장 의무자부터 사용의무가 있는 것인데, 사업개시 후 홈택스에 사업용카드를 등록할 때 사업용계좌도 같이 등록해서 해당 계좌를 통해 모든 사업관련 지출을 처리하는 것이 바람직하다.

결국 사업이 번창하여 A등급(대)에 들어가면 세무관련으로 여러 가지 규제가 따른다는 것을 알 수 있으며 이 구간부터는 매출도 중요하지만 세무위험을 포함한 관리업무도 영업못지 않게 중요하다는 점을 인식해야 한다.

03

유튜브 사업자가
세금폭탄을 맞는 이유는?

☑ 유튜브 사업자의 사업자등록은?

최근 유튜브Youtube 사업자가 많이 늘고 있다. 창업에 그다지 많은 돈이 들지 않는데다 혼자서도 충분히 운영할 수 있는 사업이며, 1인방송 제작자로서 고객을 직접 상대하지 않아도 되는 것이 장점이다. 그런데 초창기에는 사업자등록 등 세무신고없이 하는 경우도 많았지만, 지금은 관련 사업자수도 많이 증가한데다, 일부 고소득 유튜브 사업자도 많아졌다. 그러다보니 국세청에서도 이를 예의주시하면서 가끔 탈세사실이 적발된 사업자들이 언론에 보도되기도 한다.

유튜버 또는 유튜브 크리에이터라고 표현하지만 세법상 정식명

칭은 1인 미디어 창작자다. 유튜브 사업자라고 해서 일반사업자와 다른 것은 전혀 없다. 매출을 통해 돈을 벌고 이에 대해 세법규정대로 세금을 내면 아무 문제가 없다.

사업자등록을 할 때는 둘 중의 하나로 등록하면 된다. 집에서 혼자 휴대폰이나 촬영 카메라 등 장비를 사용해서 영상제작을 통한 사업활동을 하는 경우에는 면세사업자(인적용역사업자)로 등록하면 된다. 국세청의 업종코드번호는 940306이며 **1인 미디어 콘텐츠 창작자**에 해당한다.

반면 사업장에 인적, 물적설비를 갖추고 있는 경우, 즉 편집자나 촬영기사 등 직원을 고용하거나 전문 촬영장소(스튜디오)를 갖추고 사업활동을 하는 경우에는 과세사업자로 등록해야 한다. 국세청의 업종코드번호는 921505이며 **미디어 콘텐츠 창작업**에 해당한다.

개인사업의 경우 면세사업자는 부가가치세 신고없이 종합소득세만 신고·납부하면 되며 과세사업자는 부가가치세와 종합소득세를 모두 신고·납부해야 한다. 면세사업자의 경우에는 자신이 부담한 매입세액을 공제받거나 환급받지 못하므로 환급을 원한다면 과세사업자로 등록하는 것이 유리하며 법인형태로 운영할 경우에는 반드시 과세사업자로 등록해야 한다.

☑ 유튜브 사업자의 수익과 비용구조

유튜브 사업자에 대한 세금추징의 첫 번째 사유는 매출대금을 다른 통장으로 입금받아 숨기는 경우다. 유튜브 사업자의 수익은 구독자수에 따라 구글로부터 입금되는 광고수익과 후원금수익 등으로 구분되는데, 지급자가 원천징수하는 경우에는 누락이 불가능하지만, 원천징수없이 지급하는 경우 신고매출에서 누락시키는 경우가 많다. 그러나 국세청에서 마음만 먹으면 이를 확인하는 것이 가능하므로 수입을 누락하는 것은 위험하다.

과세사업자인 경우 국내에서 지급받는 금액에 대해서는 부가가치세를 내야 하지만, 해외에서 외화로 받는 금액은 영세율을 적용하므로 부가가치세는 내지 않아도 된다. **영세율**이란 과세사업자임에도 불구하고 부가가치세 세율을 영(0)으로 적용하는 것으로서 수출매출 등 외화를 벌어들이는 사업에 대해 적용하는 제도다. 부가가치세는 수입자가 부담하게 되므로 부가가치세를 과세하면 부가가치세만큼 가격이 비싸져 수출경쟁력이 떨어질 수 있다. 따라서 수출품이나 가타 외화수입에 대해서는 부가가치세를 부과하되 영(0)의 세율을 적용하는 것이다. 영세율사업자는 매출에 대해 부가가치세를 내지 않지만 본인이 부담한 매입세액을 공제(환급)받을 수 있다는 점에서 면세사업자와 다르다. 그러므로 해외수입비중이 높다면 과세사업자로 등록해서 본인이 부담한 매입부가가치세를 환급받는 것이 유리하다.

두 번째 사유는 해당 사업과 관련 없는 비용을 함부로 사업경비로 처리하는 경우다. 물론 유튜브 사업자가 영상제작을 위해 지출하는 비용은 필요경비로 인정받을 수 있다. 예를 들면, 카메라 등 각종 장비 및 소품구입비용과 스튜디오 임차료, 특히 화장품 등 메이크업비용이나 여행유튜버가 지출하는 현지 여행비용 등은 일반사업자의 경우에는 절대 사업경비로 인정하지 않지만, 유튜버의 경우에는 사업목적인 영상제작을 위해 지출한 것이므로 사업관련 경비로 인정된다. 이때 각 지출에 대해서는 법정증빙을 갖추어야 한다.

또한 편집자나 촬영기사 등 직원을 고용한 경우에는 관련 인건비를 경비로 처리하면 된다. 이 경우에도 원천징수와 함께 관련 지급명세서를 제출해야 인정받을 수 있다.

한편, 개인유튜버로서 사업초창기에 매출이 적어 장부를 작성하지 않고 국세청이 정한 단순경비율로 소득세를 내고자 하는 경우, 과세사업자인 미디어 콘텐츠 창작업(921505)은 정보통신업에 속하므로 연간 매출액이 3,600만 원 미만이면 추계과세가 가능하다. 그러나 면세사업자인 1인 미디어 콘텐츠 창작업(940306)은 서비스업이므로 연간 매출액이 2,400만 원 미만이어야 추계과세가 가능하다.

아울러 유튜브 사업자도 각종 중소기업 세제지원 혜택이나, 청년창업에 대한 5년간 소득세감면 등 추가적인 혜택을 받을 수 있는데, 1인 미디어콘텐츠창작업은 감면대상에서 제외되므로 감면을 받으려면 감면대상인 정보통신업(미디어콘텐츠창작업)으로 사업자등록을 해야 한다.

04

외상대금 떼였을 땐
증빙부터 챙겨라

사업을 할 때 겪게 되는 여러 가지 어려움 중 하나가 채권관리다. 서비스업이나 음식점업 및 소매업처럼 매출대금을 카드로 결제받거나 고객으로부터 바로 받는 사업은 문제가 없지만 제조업이나 도매업 그리고 법인인 경우에는 대부분 매출대금이 매출채권으로 발생한다. 일정 기간이 지나면 매출채권이 회수돼야 하는데 그 중 회수가 잘 안 되는 것이 있고 심지어 거래처에서 받을 돈을 떼이는 경우가 생기는데, 이를 **대손**이라고 한다.

대손은 매출대금을 결국 못 받은 것이므로 세법에서는 이를 경비로 인정해준다. 다만, 그 증거가 확실해야 하며 증거란 "누가 보더라도 돈을 못 받겠구나"라고 인정할만한 객관적인 사유를 말한다. 세법에서 요구하는 객관적인 사유는 다음과 같다.

- 거래처의 파산이나 부도(부도발생일로부터 6개월이 지나야 한다)
- 개인채무자의 사망, 실종, 행방불명, 형의 집행
- 거래처의 폐업
- 중소기업의 외상매출금 등으로서 회수기일이 2년 이상 지난 것
- 건당 30만 원 이하인 소액채권으로서 6개월 이상 경과된 채권

이런 경우 해당되는 증빙(파산선고문, 부도증명원 등)을 갖추면 받지 못한 채권을 경비로 처리할 수 있다. 다만, 파산이나 부도와 달리 폐업은 그 자체가 상대방의 지급능력상실을 의미하는 것이 아니므로(돈을 안 갚기 위한 위장폐업이 있을 수 있다) 상대방 사업자의 지급능력이 없음을 보여주는 추가증거가 필요하다.

그런데 위의 사유에 해당하지도 않으면서 상대방이 돈을 주지 않아 채권회수에 골머리를 앓는 경우도 있는데, 이런 경우에는 소멸시효를 완성시켜서 대손처리하면 된다. **소멸시효**란 법에서 정한 일정기간 동안 채권자가 권리행사를 하지 않을 경우 법적으로 받을 권리를 소멸시키는 것을 말한다.

상품·제품의 매출대금이나 공사채권은 시효기간이 3년이지만, 세법에서는 중소기업의 외상매출금은 2년이 지나도록 회수가 안되면 대손처리할 수 있도록 하고 있다. 물론 채권을 끝까지 회수하고자 하는 경우에는 시효기간이 지나면 채권이 소멸하므로 절대 시효를 완성시키면 안 된다. 이 경우에는 지속적으로 이메일이나 카톡

전송 또는 내용증명 등으로 독촉을 해서 시효가 계속 이어지도록 하는 것이 필요하다. 채권자가 돈을 받을 생각이 있음을 표시하면 그동안 진행된 시효기간이 중단되고 다시 시작되기 때문이다.

한편, 부가가치세법에도 돈을 떼인 채권자를 위한 제도가 있는데, 이를 **대손세액공제**라고 한다. 매출시점에서 공급자는 세금계산서를 발행하는데, 이로 인해 공급자에게 부가가치세의 납세의무가 생기는 것이다. 부가가치세는 매입자인 상대방으로부터 받아서 내는 것이지만 부가가치세를 신고할 때까지 받지 못했다면 공급자가 대신 납부하는 경우가 생긴다.

이 경우 부도나 파산 등 앞에서 열거한 사유가 발생하면 결국 매출대금과 그 부가가치세를 모두 받지 못하는 상황이 되는데 이때에도 관련 증빙서류를 제출하면 공급자가 대신 냈던 부가가치세를 환급받을 수 있다. 단, 당초 매출시점으로부터 10년이 지나기 전에 대손이 확정된 경우에만 공제가 가능하다. 즉, 매출하고 10년이 지난 후 부도나 파산 등의 사유로 대손이 확정된 경우라면 공제가 불가능하다.

05

가산세폭탄을 맞으면 안 된다

☑ 어떤 경우에 가산세를 때려 맞을까?

절세법의 제1원칙은 절대 가산세를 맞으면 안 된다는 것이다. 그만큼 가산세의 위력이 폭탄 수준으로 가혹하기 때문이다. 어쩌면 합법적인 절세의 경계선을 넘는 변칙과 트릭을 쓰지 않고 성실하게 세금을 신고하고 기한 내에 납부하는 것이 최선의 절세법일 수도 있다.

가산세 제도는 개인과 법인 모두 마찬가지다. 가장 흔한 가산세가 소득금액을 줄여서 신고하는 경우(탈루라고 한다)에 붙는 것인데, 이를 **과소신고가산세** 또는 **신고불성실가산세**라고 한다. 이때 줄여서 신고한 이유가 중요한데, 단순실수로 인한 누락이나 오류일 경우에는 탈루된 세금의 10%가 추가로 붙지만 허위증빙이나 장부조작 등 고의적인 과소신고에 대해서는 40%가 붙는다.

여기에 지연납부에 따른 가산세가 추가된다. 소득탈루와 과소신고는 신고 후 몇 년이 지나서야 드러나게 되는데, 이때 그 지연된 기간 동안의 연체이자상당액을 가산세로 내야 한다. **지연납부가산세**는 연이자율 8%로 계산된다. 만약 5년 전에 고의로 탈루한 소득이 드러나 2,000만 원의 추징세액이 나왔다면 가산세는 1,600만 원 {= (2,000만 원 × 40%) + (2,000만 원 × 8% × 5년)}이 나와 총 3,600만 원을 내게 된다. 이 경우 가산세는 본세와 맞먹는 수준으로 가산세가 얼마나 무서운지 충분히 실감할 수 있다.

이 외에도 소득을 지급하면서 원천징수를 하지 않았거나 지급명세서를 제출하지 않은 경우 등 세법에서 정한 여러 가지 의무를 이행하지 않았을 경우 가산세가 부과된다. 특히 건당 3만 원을 초과하는 지출건에 대해서는 반드시 법정증빙을 받아야 한다. 이를 이행하지 않은 경우 경비로 인정받지 못하는 것 이외에 그 금액의 2%를 가산세로 내야 하므로 지출시에는 가급적 법정증빙을 받아야 한다.

이렇게 신고한 이후에 가산세를 포함해 추징하는 이유는 대부분 신고내용이 국세청 눈높이에 맞지 않기 때문이다. 하지만 국세청에서 800만 명에 이르는 모든 개인사업자들을 대상으로 신고의 성실도를 철저히 검증하기는 불가능하다. 그래서 사업자 규모별로 등급을 매겨 비교적 높은 등급(일정규모 이상)의 사업자에게 더 엄격하게 관리하고 있다.

06

가급적 국세청 눈높이에
맞추는 것이 안전하다

☑ 업종별 부가율과 소득률이란?

사업자의 성실신고여부를 확인할 수 있는 최선의 방법은 직접
조사일 것이다. 장부검증을 포함한 사업장 현장조사를 통해 신고한
내용의 성실성을 제대로 확인할 수 있지만 비용이 많이 발생하는
문제점이 있다.

이렇게 직접조사 등을 통해 세금을 걷는데 들어가는 비용을 징
세비용이라고 하는데 개인사업자의 경우에는 징세비용에 비해 추
징금액이 너무 적다. 게다가 개인사업자의 숫자가 너무 많아서 모
든 사업자들을 대상으로 검증하는 것은 불가능하다. 따라서 국세청
나름의 기준을 정해두고 이 기준에 부합하지 않는 사업자만을 골라

서 소명요구나 조사를 실시하는데 그 기준이 앞서 언급한 국세청의 눈높이며 이를 **신고성실도**라고 생각하면 된다.

사업자가 내야 하는 두 가지 주요세금은 부가가치세와 소득세(법인세)다. 부가가치세는 부가가치에 대한 세금이므로 부가가치총액에 따라 세금이 달라지는데, 사업체마다 부가가치 절대금액은 각각 다르겠지만, 같은 업종이라면 매출액에 대한 부가가치의 비율, 즉 **부가가치율**(줄여서 부가율이라고 한다)이 비슷해야 한다.

예를 들어, 음식점업의 평균적인 부가율이 30%인데, A사업자의 신고내용을 보니 매출액 10억 원에 매입비용 8억 원으로 2억 원의 부가가치에 대해 2,000만 원의 부가가치세를 납부했다면 부가율은 20%(= (10억 원 - 8억 원) ÷ 10억 원)로 동일 업종의 평균값에 훨씬 못 미친다.

이런 경우 매출이 누락됐거나 아니면 매출에 비해 매입자료가 많이 들어간 것으로 의심할 수 있다. 또한 부가율이 예년에 비해 현저하게 낮아진 경우도 마찬가지로 의심받을 수 있다. 그러므로 사업자의 입장에서는 현재 자신의 부가율이 동일업종의 평균 부가율이나 과거에 신고했던 부가율에 비해 크게 떨어지지 않도록 신고성실도를 유지하고 관리하는 것이 안전하다. 참고로 국세청의 국세통계포털에 들어가면 신고된 업종별 평균 부가가치율 현황(9-1-4)이 나오는데, 이를 보면 자신이 신고한 부가율이 평균에 비해 어느 정도 수준인지 파악할 수 있다.

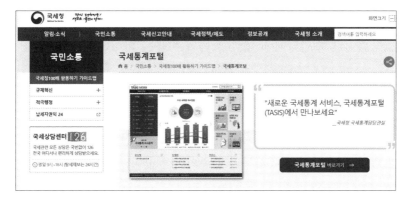

| 개인사업자의 부가가치율 |

(단위: 백만 원)

업태	매출과표(A)	매입과표(B)	부가가치율 {(A - B) ÷ A}
제조업	77,475,310	47,759,049	38.4%
도매업	83,121,627	68,054,837	18.1%
소매업	68,181,835	59,092,237	13.3%
음식점업	57,391,495	39,315,336	31.5%
숙박업	2,383,615	1,423,202	40.3%
부동산임대업	21,451,961	13,994,377	34.8%
서비스업	33,620,249	16,946,769	49.6%

한편, 소득세에서는 소득률을 가지고 신고성실도를 따지는데, **소득률**이란 수입금액에 대한 소득의 비율을 의미한다. 예를 들어, 앞의 사례에서 매출액 10억 원에 매입비용 8억 원을 포함한 필요경비가 총 9억 6,000만 원이라면 소득금액은 4,000만 원인데, 이 경우 소득률은 4%가 된다. 역으로 필요경비율은 96%인 셈이다. 소득률도 부가율과 마찬가지로 동일 업종의 평균값이나 예년에 비해 현저하게 낮다면 그 사유에 대해 구체적으로 소명할 것을 요구받을 수 있다.

따라서 사업자는 자신이 신고한 숫자를 이런 잣대로 검증한다는 점을 알고 이에 미리 대비해서 부가율과 소득률이 적정한지에 대해 확인할 필요가 있다.

| 국세청 눈높이에 맞는 부가율과 소득률이란? |

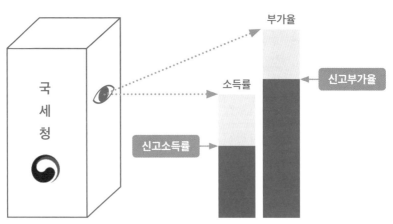

▲ 신고한 부가율(부가가치금액 ÷ 매출액)과 소득률(소득금액 ÷ 수입금액)이 국세청의 기준에 현저히 미달하면 소명요구나 조사 등 세무위험에 처할 확률이 높다.

참고로 본인이 하고 있는 사업의 소득률이 어느 정도인지는 국세청 홈페이지에 있는 단순경비율을 조회하면 알 수 있다. 단순경비율은 앞서 설명한대로 장부를 따로 기장하지 않아 필요경비를 얼마나 지출했는지 불분명할 때 적용하는 경비율이다. 다만, 누구에게나 적용하는 것이 아니라 매출액이 업종별로 정해진 일정금액 미만인 소규모사업자에게만 적용된다.

단순경비율 적용대상이 아닌 경우 매출이 더 많을 것이므로 이보다 소득률이 더 높아야 한다는 점을 고려해야 한다. 그 이유는 매출이 증가해도 고정비는 매출에 비례해서 증가하지 않기 때문에 매출이 많아질수록 소득률이 더 높아지는 것이 일반적이기 때문이다. 단순경비율 적용대상이 아닌 사업자가 단순경비율을 참고할 때는 이점을 감안해야 한다. 즉, 단순경비율은 장부를 기장한 사업자가 신고할 수 있는 소득률의 하한선인 셈이다.

기장사업자인 경우에는 국세통계포털의 소득금액규모별·업태별 사업소득 신고현황(3-2-5)에서 자신의 업태와 수입금액에 해당하는 구간의 평균적인 신고소득률을 조회해볼 수 있다.

국세통계

| 개인사업자의 소득률 |

(단위: 백만 원)

업태	수입금액(A)	소득금액(B)	소득률(B÷A)
제조업	162,814,143	16,476,161	10.1%
도·소매업	444,199,903	26,426,202	5.9%
음식·숙박업	149,904,529	12,612,753	8.4%
부동산업	52,039,191	19,449,001	37.3%
기타서비스업	113,849,339	29,793,300	26.1%

▲ 국세통계포털에서는 표의 오른쪽부분에 각 업태별로 수입금액 구간별 자료가 추가로 제공되므로 자신의 수입금액에 해당하는 사업자의 평균적인 소득률이 어느 정도인지 확인할 수 있다. 아울러 업태별·지역별 자료도 제공된다. 다만, 업태가 같더라도 구체적인 종목에 따라 소득률이 차이가 날 수 있으므로 이를 감안해야 한다. 단순경비율은 추계과세를 위해 종목별로 상세한 소득률이 제공되지만 통계자료에는 업태별로만 제공된다.

☑ 소명요구 및 세무조사대상과
입증 책임(납세자는 돈내는 을이다)

개인사업자에 대한 직접 세무조사 비율은 매년 전체 사업자의 0.05%로서 법인의 0.5%에 비하면 매우 낮다. 이는 개인사업자의 경우 징세비용에 비해 추징하는 세금이 상대적으로 적어 균형이 안 맞기 때문이다. 따라서 대부분은 신고성실도가 낮은 사업자를 대상으로 전산분석을 통해 추출한 이상항목에 대해 소명(해명)요구서를 보낸다. **전산분석**이란 납세자가 신고한 내용 중 비합리적이거나 의심스러운 항목을 전산시스템으로 찾아내는 것이다. 예를 들면, 다음과 같은 특이점을 전산프로그램으로 자동 추출하는 것을 말하며, **소명요구**란 이에 대한 증빙자료를 요구하는 것을 말한다.

- 매출원가가 갑자기 증가한 이유
- 비용 중 법정증빙의 수취비율이 너무 낮은 경우 해당 비용의 명세
- 업무추진비 중 경조비 비중이 높은 경우 그 지출내역
- 원재료매출처로부터 입수한 자료를 토대로 산출한 추정수입금액에 비해 신고한 수입금액이 적을 경우 그 이유

때로는 소명(해명)요구 대신 알아서 수정신고를 하라는 안내문이 오기도 하는데, 이 경우에도 적극적으로 소명을 해야만 수정신고와 이에 따른 추가납부를 피할 수 있다. 모든 납세자는 자신의 소득을 성실하게 신고하고 납부할 책임이 있다. 그러므로 국세청이 탈루나 오류에 대해 구체적인 증거가 없더라도 의심스러운 부분에 대해 납세자에게 해명을 요구하면 이에 대한 해명 책임은 고스란히 납세자에게 있다. 즉, 소명요구서를 받았음에도 불구하고 이에 대해 충분히 증거로써 소명하지 못하면 세금추징이 이루어진다. 따라서 훗날 조금이라도 의심받을 사항이 있다면 이에 대해서 나중에 어떻게 대응하고 소명할 것인지 평소에 미리 준비해 두어야 한다.

07

대부분의 추징사유는
업무무관경비 때문이다

소득금액은 수입금액에서 필요경비를 차감한 것이므로 소명요구는 대부분 수입금액 누락(과소신고)이거나 경비 과다계상과 관련된 것이다. 수입금액 누락 여부는 상대방 거래처의 매출자료(사업자에게는 매입자료)로 매입을 추정하고 이를 토대로 매출의 누락 여부를 상호확인한다. 예를 들어, 치과의원이라면 치과용장비나 임플란트 시술재료를 구입한 거래처의 매출자료를 토대로 수입금액을 추정하는 방식이다. 주점의 경우 주류도매상의 매출자료와 이를 매입한 주점의 신고매출을 비교·검증할 수 있다.

하지만 요즘은 매출의 대부분이 원천적으로 누락이 불가능한 세금계산서 발행 또는 신용카드매출로 이루어져 수입금액 누락 여부에 대한 검증은 주로 현금수입업종을 대상으로 이루어진다. 현금

수입이 거의 없는 사업자의 경우에는 경비와 관련해서 증빙이 없거나, 사업과 관련없는 개인적인 지출을 사업경비로 처리한 것이 문제가 된다.

그런데 해당 경비가 사업관련성이 있는지의 여부는 사용한 사람이 가장 잘 알기 때문에 반드시 이를 잘 구분해서 처리해야 한다. 특히 업무추진비를 개인적인 용도로 사용하고 이를 경비처리하는 경우가 아주 흔한데, 이런 위험을 제거하려면 전반적으로 국세청 눈높이에 맞춰 신고함으로써 애초에 소명요구서를 받지 않도록 하는 것이 무엇보다 중요하다. 현실적으로 소명요구를 받으면 대부분 세금 추징으로 이어질 확률이 높기 때문이다.

| 사업소득세 계산 구조 |

| 수입금액 | - | 필요경비 | = | 소득금액 |

| 소득금액 | - | 소득공제 | = | 과세표준 |

| 과세표준 | × | 세율 | = | 산출세액 |

08

절세하려면
은퇴자금을 적립해라

☑ 노란우산공제금은 폐업할 때 쌈짓돈이 된다

사업소득금액에서 **소득공제**를 차감한 것이 **과세표준**이며 여기에 세율을 곱한 것이 산출세액이다. 따라서 소득금액이 많을수록 소득공제를 많이 받도록 해서 과세표준을 최대한 줄여야 한다. 그러나 아쉽게도 세법상 받을 수 있는 소득공제가 상당히 제한적이며 받을 수 있는 공제금액도 많지 않다. 본인을 포함해서 부양하는 가족 1명당 고작 150만 원을 공제해준다. 게다가 부양가족은 소득이 없어야 하며 자녀는 20세 이하이어야 하는 등 제약조건도 너무 많다.

사업자가 소득공제라는 절세와 함께 목돈을 마련할 수 있는 제도가 **노란우산공제**(세법에서는 **소기업·소상공인 공제**라고 한다)다. 법인의 대표자는 근로자 신분이므로 퇴직할 때 법인으로부터 퇴직금을 받을 수 있지만, 개인사업자는 그렇지 않다. 사업자 본인이 막상 퇴직하면 노후자금에 구멍이 생기는 것이다.

이런 이유 때문에 세법에서는 사업자가 본인의 은퇴 이후를 대비해 매년 일정금액을 적립하면 이에 대해 세금을 깎아주는데, 이것이 노란우산공제다. 매년 적립한 금액을 자신의 사업소득금액에서 공제해준다. 즉, 국민연금보험료 납부액과 마찬가지로 적립액만큼은 벌지 않은 돈으로 본다는 뜻이다.

매년 사업소득에서 공제받을 수 있는 금액은 사업자의 소득금액(수입금액에서 필요경비를 차감한 금액을 말한다)에 따라 다르다. 4,000만 원 이하인 사업자는 500만 원, 4,000만 원 ~ 1억 원 미만인 사업자는 300만 원, 1억 원 이상인 사업자는 200만 원을 공제받을 수 있다. 이 금액이 사업소득에서 공제되면 적용세율에 따라 세금절세액이 달라지는데, 만약 24%의 세율을 적용받는 사업자가 1년 동안 300만 원(매월 25만 원)을 납입했다면 72만 원의 세금이 줄어들고 소득세에 따라 붙는 10%의 지방소득세까지 포함하면 약 80만 원의 세금이 절세된다.

물론 과세표준이 높아서 35%의 세율을 적용받는 사업자라면 혜택은 더 크게 나타나 1년간 300만 원 납입시 약 115만 원의 절세효과가 생긴다. 게다가 납입한 돈에 대해서는 은행금리 정도의 이자가 붙어 추후에 찾을 때는 납입원금은 물론 이자까지 챙길 수 있다.

혜택이 비교적 크다보니 노란우산공제는 사업자만 가입할 수 있으며 사업자 중에서도 임대사업자는 제외된다. 한편, 법인의 대표도 비록 근로자 신분이긴 하지만 연봉(총급여로서 비과세소득을 뺀 것이다)이 7,000만 원 이하인 경우에는 매년 납입하고 소득공제를 받을 수 있다.

공제금(납입원금 + 이자)은 사업자가 사업을 그만둘 때, 즉 폐업신고를 하면 언제든지, 아무 불이익없이 찾을 수 있다. 단, 폐업하지 않고 사업을 계속하는 경우에는 정해진 만기가 10년이므로 가입 후 10년이 지난 상태에서 60세 이상이라면 비록 사업 중이라도 공제금을 찾을 수 있다. 공제금은 연금이 아니라 일시금으로 지급된다. 사업자는 이 돈으로 다른 사업을 준비하거나 여유자금으로 사용할 수 있다. 노란우산공제는 절세효과면에서 아주 훌륭한 상품이므로 사업자라면 반드시 가입해야 한다.

☑ 슬기로운 연금저축 가입법

누구나 사업을 영원히 할 수 있는 것은 아니다. 직장인의 근로소득처럼 정해진 정년이 있는 것은 아니지만 언젠가는 마무리해야 할 시간이 온다. 노년이 됐고 손에서 일을 놓게 됐을 때 꼭 필요한 것이 연금자산이다. 일을 할 때와 마찬가지로 매월 일정금액이 통장에 찍힌다면 노후는 훨씬 안정적일 것이다.

누구나 다 의무적으로 국민연금에 가입해서 돈을 내고 있지만 이제 국민연금만으로는 턱없이 부족하다는 사실을 모르는 사람은 없다. 세법에서도 이런 점을 감안하여 개인연금에 가입해서 일정금액을 납입하면 그 금액의 12%(사업소득이 4,500만 원(법인의 대표자는 연봉 5,500만 원) 이하인 경우는 15%)를 세금에서 깎아주는데 이를 **연금저축세액공제**라고 한다.

1년에 연금저축으로 납입할 수 있는 최대금액은 1,800만 원이며 연금을 많이 받으려면 일단 납입액이 많아야 한다. 하지만 세액공제는 연간 600만 원까지만 가능하다. 단, 사업자도 퇴직연금에 가입할 수 있으므로 **퇴직연금계좌**^{IRP}에 따로 돈을 넣으면 연금저축세액공제를 합하여 연간 900만 원까지도 세액공제가 가능하다. 사업소득이 4,500만 원을 초과하는 경우에는 108만 원(= 900만 원 × 12%), 4,500만 원 이하인 경우에는 135만 원(= 900만 원 × 15%)의 소득세를 줄일 수 있으니 이것도 절세효과가 매우 크다. 10%의 지방소득세를 포함하면 절세금액은 각각 약 120만 원과 150만 원으로 커진다. 다만, 연금저축의 절세효과는 이렇게 크지만 가입시에 반드시 고려해야 할 점이 몇 가지 있다.

첫째, 연금저축은 노란우산공제와 달리 55세까지 자금이 묶인다는 점이다. 연금저축은 노후를 위해 준비하는 것이라 가입기간은

5년 이상, 연금수령기간은 10년 이상으로 정해야 하며 55세 이후에 인출할 수 있다. 따라서 부동산 마련 등 가까운 미래에 목돈이 필요한 경우에는 이를 감안해야 한다.

| 연금저축세액공제의 효과 |

둘째, 은행·증권·보험 등 어느 금융기관에 가입할지 정해야 하는데, 이때 수익률과 위험을 같이 고려해야 한다. 은행의 연금저축은 대부분 안전자산인 예금과 채권에 투자하기 때문에 안전하기는 하지만 수익률이 낮다. 그러나 연금저축은 장기저축이므로 물가상승도 감안해야 한다. 지나치게 안정성만 추구하다보면 자칫 수익률이 물가상승률에도 못 미칠 수 있다.

증권사의 연금저축은 대부분 주식에 투자하므로 이를 꺼리는 경우가 있는데, 특정 종목투자에 따른 위험을 줄이고자 한다면 지수에 투자하는 인덱스Index상품(예를 들면, KRX300인덱스저축 등)이나 ETF상품으로 가입하면 된다. 인덱스상품은 특정 종목에 투자하는 것이 아니라 시장을 대표하는 여러 우량기업의 묶음상품에 투자하는 것이며 ETF상품도 동일 업종에 속한 여러 기업을 묶어서 투자하는 것이므로, 엄밀히는 개별 기업보다는 특정 산업에 대한 투자라고 보면 된다. 또한 가격이 오르내리는 것이 신경쓰인다면 한꺼번에 납입하지 않고 매월 또는 분기별로 나누어 납입하면 된다.

연금저축은 어차피 장기간에 걸쳐 매년 꾸준히 투자할 것이므로 미래 성장성이 기대되는 반도체나 2차전지 또는 미국 테크기업 ETF상품에 꾸준히 적립해나가는 것이 좋다. 해마다 납입금에 대해서는 세액공제를 받고, 납입한 돈이 장기간에 걸쳐 꾸준히 수익을 내준다면 더할 나위없이 좋기 때문이다.

셋째, 연금을 수령할 때 일시금으로 수령하면 안 된다. 세액공제를 해준 이유는 은퇴 이후 부족한 국민연금을 개인연금으로 보충하라는 취지인데, 세액공제만 받고 이를 일시금으로 찾으면 그동안 공제받은 세금을 모두 반납해야 한다. 이 경우 사업자의 소득에 따라 해마다 세액공제율이 달랐겠지만, 추징할 때는 무조건 15%를 공제받은 것으로 간주해서 추징한다.

아울러 연금수령기간을 정할 때는 매년 받는 연금이 종합소득에 들어가지 않도록 연금수령기간을 정하는 것이 좋다. 현재 세법 기준으로는 개인연금 수령액이 연간 1,500만 원(매월 125만 원)을 초과하면 종합소득에 합산되므로, 만약 납입액이 많아 개인연금 수령액이 월 125만 원을 초과한다면 수령기간을 길게 늘려서 월 125만 원을 넘지 않도록 해야 한다.

09

기부금과 건강보험료도
사업경비로 인정된다

개인사업자가 좋은 일을 위해 기부한 돈은 사업체의 필요경비로 인정받아 소득세를 줄일 수 있다. 개인들이 주로 많이 하는 기부는 종교단체기부금인데, 그 이외에 사회복지시설이나 자선단체 등 공익목적의 기부로서 기부받은 단체가 공공기관이나 공익단체라면 모두 이에 해당한다. 다만, 동창회나 향우회, 종친회 등 사적인 단체에 대한 기부는 세금혜택을 받을 수 없다.

건강보험료 납부액도 기부금과 마찬가지로 사업의 필요경비로 포함되어 그만큼 소득세가 줄어든다. 소득세율이 누진세율이므로 세금공제효과는 각 사업자에게 적용되는 세율에 따라 다를 수밖에 없다. 세율이 높은 사업자에게 더 많은 혜택이 가는 셈이다. 예를 들어, 적용세율이 다른 두 사업자가 기부금과 건강보험료를 합쳐서

500만 원을 동일하게 지출했을 때, 세율이 24%인 사업자는 120만 원의 소득세가 줄어들지만, 세율이 35%인 사업자는 175만 원의 소득세가 줄어든다.

한편 법인의 대표는 근로자로서 자신이 낸 건강보험료를 소득에서 공제받는데, 소득공제와 필요경비 모두 그만큼 과세표준이 줄어드는 것이므로 결국 개인사업자와 동일한 혜택을 받는 셈이다. 그러나 근로자가 낸 기부금은 세액공제를 받는다는 점에서 개인사업자와 차이가 있다. 근로자의 경우 기부금의 15%(1,000만 원을 초과하는 금액에 대해서는 30%)를 세금에서 깎아준다. 따라서 낸 기부금에 대해 누구나 동일하게 혜택을 받는다는 점에서 개인사업자와 다르다.

건강보험료 납입액은 국세청자료에 자동으로 집계되므로 별도의 증빙이 필요없지만, 기부를 하고 사업자가 이를 필요경비에 포함시키거나 법인의 대표가 기부금을 세액공제받기 위해서는 반드시 기부금영수증을 받아 두어야 한다.

| 납세자별 소득공제와 세액공제(요약) |

항목	개인사업자	법인대표자	일반근로자
건강보험료 납부액	필요경비	소득공제	소득공제
기부금 지출액	필요경비	세액공제	세액공제
노란우산공제	소득공제	소득공제	해당없음
연금저축공제	세액공제	세액공제	세액공제

▲ 법인대표자의 노란우산공제납입금에 대한 소득공제는 대표자의 연간 총급여가 7,000만 원 이하인 경우에 한하며, 근로소득금액(총급여 − 근로소득공제)이 4,000만 원 이하(총급여가 5,240만 원 이하인 경우)이면 500만 원, 4,000만 원 초과이면 300만 원을 한도로 한다.

10

감가상각비로
세금을 조절할 수 있다

사업용자산을 유형자산이라고 하는데, 이는 사업에 사용하기 위한 목적으로 취득한 것이다. 개인사업자들의 대다수가 공통적으로 갖고 있는 유형자산은 차량과 비품이며 제조업이나 건설업은 기계나 장비같은 것이 있을 수 있다. 유형자산을 취득할 때는 비교적 많은 돈이 들어간다. 하지만 이 금액을 지출한 해에 한꺼번에 비용으로 처리하는 것이 아니라 사용하는 기간에 걸쳐 매년 나누어 비용 처리해야 하는데, 이를 **감가상각비**라고 한다. 지출금액과 상관없이 해당 자산을 사업에 사용하는 기간에 걸쳐 매년 비용이 발생한다고 보기 때문이다.

감가상각비를 계산하려면 해당 자산을 사용할 수 있는 기간(이를 내용연수라고 한다)을 추정해야 하는데, 세법에서는 차량과 비품의 내용연수를 5년으로 정해두고 있다. 따라서 취득금액(취득세와 등록비용, 수수료 등 취득에 관련된 모든 부대비용을 포함한다)을 매년 1/5(20%)씩 나누어 감가상각비로 처리하면 된다. 이렇게 매년 동일한 금액으로 상각하는 것을 **정액법**이라고 한다.

한편 감가상각방법에는 정률법이라는 방식도 있는데 **정률법**은 감가상각률이 매우 높다. 내용연수가 5년일 경우 정해진 상각률이 0.45이므로 유형자산을 취득한 첫 해에 45%에 해당하는 금액을 경비로 처리할 수 있다. 다만, 정률법은 **장부가액**을 기준으로 상각하는 방식이므로 다음 해에는 이미 상각된 금액을 뺀 금액(이를 장부가액이라고 한다)에 대해 45%를 적용한다. 이에 따라 매년 감가상각비가 감소하는 방식인데, 초기에 감가상각비가 많이 들어가는 대신 점점 줄어드는 방식이라고 보면 된다. 따라서 유형자산을 취득하는데 들어간 돈을 빨리 경비로 처리하고 싶다면 정률법을 선택하는 것이 유리한데, 세법상 승용차와 건물은 정률법을 사용할 수 없다.

감가상각비는 세법에 정해진 상각방법과 상각기간대로 계산해야 하는데, 상각기간을 임의로 단축하는 등 고의로 감가상각비를 과도하게 비용처리하면 소득금액이 줄어든다. 이 경우 세법에서는 정해진 금액을 초과해서 상각한 금액을 경비로 인정하지 않으므로 매년 정해진 금액을 초과하지 않도록 해야 한다.

그러나 반대로 감가상각비를 아예 비용처리하지 않거나 감가상각비를 줄여서 비용으로 넣는 것은 아무 문제가 없다. 이런 경우에는 소득이 많아져 세금을 오히려 많이 내기 때문이다.

그런데 이를 활용하면 매년 사업체의 소득을 조절할 수 있다. 즉, 만약 어떤 해에 소득이 줄었거나 마이너스(-)가 나면 그 해에는 굳이 감가상각비를 비용처리할 필요가 없다. 감가상각비를 비용처리하지 않으면 장부상 금액은 그대로 남아있게 되는데 이는 다음에 소득이 많이 나올 때, 그때 상각하면 된다. 즉, 매년 관행적으로 상각할 것이 아니라 소득상황에 따라 유리하게 감가상각비 규모를 결정하면 된다. 다만, 매년 상각할 수 있는 한도금액만 초과하지 않으면 된다.

이렇게 감가상각비로 매년 소득을 조절하는 이유는 사업체의 소득을 매년 비슷하게 유지하기 위한 것이다. 국세청에서 신고성실도를 확인하는 기준 중 하나는 매년 소득률이 일정한지의 여부인데, 특히 매출이 감소하면 고정비로 인해 필요경비율이 높아지고 소득률은 떨어진다. 이런 경우 소득률을 맞추기 위해 이미 현금으로 지출된 비용을 없애는 것은 불가능하다. 하지만 감가상각비는 과거에 돈이 지출된 것을 나중에 비용처리하는 것으로서 막상 그 해에는 지출된 것이 없으므로 누락시켜도 상관없다.

| 감가상각비를 통한 소득조정방법 |

상각대상자산의 취득가액은 5,000만 원이며 내용연수는 5년

구분	4기	5기	6기	7기
1. 수입금액	1억 원	8,000만 원	5,000만 원	9,000만 원
2. 필요경비	7,000만 원	7,500만 원	6,000만 원	7,000만 원
3. 감가상각비	1,000만 원	500만 원	0	1,000만 원
4. 소득금액	2,000만 원	0	(1,000만 원)	1,000만 원
5. 이월결손금				(1,000만 원)
6. 과세표준	2,000만 원	0	0	0

▲ 5기에는 감가상각비를 500만 원만 반영하고 6기에는 감가상각비를 아예 반영하지 않았다. 하지만 상각하지 않은 금액은 내용연수와 상관없이 이후 언제라도 상각해서 경비로 인정받을 수 있다. 매년 정해진 한도금액을 초과하지만 않으면 되며, 상각비를 누락하거나 줄여서 반영하는 것은 세무상으로 문제가 없다.

업무추진비를
적극 활용하라

☑ 세법에서 정한 한도액 이내라면 문제없다

업무추진비는 과거에는 접대비라고 부르던 과목이다. 사업에서 가장 중요한 것은 매출이고 매출을 늘리기 위해서는 뭐니뭐니해도 영업을 잘 해야 한다. 이렇게 영업을 위해 특정 거래처나 고객에게 제공하는 각종 금품, 사례, 선물비, 식사비 등을 업무추진비라고 한다. 꼭 상대방이 매출거래처일 필요는 없으며 때로는 구매거래처일 수도 있다. 원재료나 식자재를 보다 낮은 금액으로, 안정적으로 공급받으려면 구매거래처와의 관계가 돈독해야 한다.

"가장 좋은 카드는 법인카드"라는 말이 있을 정도로 법인사업자의 경우 업무추진비로 법인카드가 광범위하게 사용된다. 하지만 개인사업자는 이 업무추진비가 왠지 낯설고 생소하다. 심지어 개인사업에 업무추진비가 사용될 일은 없다고 생각하는 경우도 있다.

그러나 업무추진비가 대단히 거창한 것은 아니며 사업활동을 하다보면 일상적으로 발생한다. 미용실이나 피부관리샵에 자주 오는 단골손님이나 VIP고객에게 명절 선물을 건넬 수도 있고, 중개를 성사시키기 위해 고객에게 식사대접을 할 수도 있으며, 학원의 원생들에게 가끔 피자나 음료를 사줄 수도 있는데, 이런 것들이 모두 업무추진비다. 이와 달리 불특정다수의 잠재고객을 대상으로 지출하는 것은 광고선전비에 해당하며 이에 대해서는 지출증빙만 있으면 아무 제한없이 경비로 인정된다.

사실 업무추진비라고는 하지만 건별로 확인해보기 전에는 과연 업무추진을 위한 비용인지 의심스러울 수도 있다. 카드사용내역에는 무슨 목적으로, 누구에게 돈을 썼는지는 나타나지 않고 오직 사용장소와 금액만 나타날 뿐이다. 그러다보니 업무추진비를 개인적으로 사용하는 경우가 매우 흔하다. 즉 개인적인 비용지출을 사업관련 비용으로 처리하는 것인데, 발각되면 당연히 필요경비로 인정되지 않으며 가산세도 내야 한다.

하지만 이를 체크하기가 매우 어려워 세법에서는 다음과 같은 차선책으로 이를 규제하는데 개인사업자와 법인 모두에게 똑같이 적용된다.

첫째, 업무추진비 사용한도를 미리 세법에 정해두고 있다. 사업체의 규모에 따라 사용가능한 한도금액을 정해 두고, 그 이상 사용한 것은 경비로 인정하지 않는다. 이는 업무추진비를 경비로 인정은 하는데, 너무 지나치게 쓰지는 말라는 뜻이다. 연간 사용할 수 있는 한도는 ①, ②를 합산한 금액이다.

① 3,600만 원
② 매출액 × 0.3%

만약 연간 매출액이 5억 원인 사업자라면 업무추진비한도는 3,750만 원{= 3,600만 원 + (5억 원 × 0.3%)}이다. 매출액이 적은 개인사업자의 경우 ②의 금액은 의미가 없으므로 그냥 1년에 3,600만 원이라고 생각해도 된다.

규모가 큰 법인의 경우 영업활동을 많이 하다보면 한도금액이 부족해서 초과사용액이 나오는 경우도 있지만, 개인사업자의 경우 한도초과가 나올 일은 거의 없다. 오히려 업무추진비를 쓰고도 누락하는 경우가 더 많다.

특히 위탁기장하는 경우 업무추진비를 신용카드로 결제하면 대부분 사용장소가 음식점이나 백화점 등으로 나타나는데, 자료를 입력하는 회계사무소에서는 이를 개인적인 경비지출로 오해하고 경비처리를 안할 수 있다. 따라서 신용카드 사용내역 중 업무추진비로 사용한 것은 반드시 이를 따로 표시해서 누락되지 않도록 해야 한다.

둘째, 업무추진비는 금액에 상관없이 전부 법정증빙을 받아야 한다. 일반경비의 경우 3만 원 이하의 건은 영수증을 받아도 되는데, 업무추진비는 영수증을 절대 허용하지 않는다. 그러므로 업무추진비는 항상 사업용카드(법인은 법인카드)로 결제하거나 현금영수증(지출증빙용)을 받아야 한다고 생각하면 된다.

셋째, 업무추진비로 쓴 신용카드내역 중 주말이나 쉬는 날에 사용한 것은 개인적인 지출로 보기 때문에 토요일과 일요일 또는 공휴일에 사용한 것은 경비로 인정하지 않는다. 따라서 업무추진비는 가급적 평일에 사용해야 하며 부득이하게 주말에 사용한 경우에는 관련 사진 또는 지출목적과 상대방을 증빙에 메모하는 등 업무관련 지출이라는 근거를 남겨두는 것이 좋다.

이와 함께 사용장소도 중요한데, 사업장과 너무 떨어진 원거리에서 사용한 것은 문제가 된다. 사업장은 서울인데 속초나 부산, 제주에서 사용한 것은 누가 보더라도 개인적인 지출로 볼 수밖에 없다. 만약 실제 업무관련 지출이었다면 앞서 언급한 방식으로 근거를 남겨두면 된다. 이런 것들을 주의해야 하는 이유는 단순히 경비 인정을 못 받는 것 때문이 아니라 이런 예외적이고 비정상적인 항목이 많을 경우 스스로 국세청에 자신의 존재감을 드러내는 것이고 나아가 소명요구나 조사대상이 될 수도 있기 때문이다.

마지막으로 받는 사람 입장에서 가장 좋아하는 선물인 상품권을 거래처나 고객에게 제공하는 경우가 있다. 하지만 상품권 구매 시 카드결제를 해서 증빙을 갖추었다고 하더라도 상품권은 그 자체가 돈과 마찬가지이므로 무조건 경비로 인정하지 않는다. 업무추진비 명목으로 상품권을 구매한 다음, 이를 사적으로 유용하거나 횡령할 수 있기 때문이다. 따라서 상품권을 누구에게 제공했는지 등 구체적인 내용을 기록해서 가지고 있어야 안전하다.

한편, 규모가 있는 법인은 업무추진비 한도가 모자랄 수도 있는데, 이런 경우에는 추가로 사용한도를 더 받을 수 있는 방법이 있다. 업무추진비를 문화비로 지출하는 것인데, 거래처나 고객에게 책이나 음반, 공연티켓을 구매해서 제공하는 것이다. 일종의 문화예술 장려정책으로서 이렇게 문화비로 지출한다면 앞에 나온 한도 금액의 20%를 추가로 경비인정을 받을 수 있다.

☑ 거래처 경조비를 적극 챙겨 넣어라

개인사업자들이 가장 흔하게 놓치는 것이 거래처 경조비다. 경조란 결혼과 장례를 말하는데, 우리나라는 관습적으로 경조문화가 강해서 웬만한 경조사를 여러 사람이 공유한다. 친인척은 물론이지만 특히 조금이라도 사업상 관계가 있으면 청첩과 부고가 고지되고 이에 따라 원하지 않는 경조비가 지출되기도 한다. 만약 경조비지출 상대방이 사업적 관계를 갖고 있는 사람이라면 이 또한 사업관련 경비로서 업무추진비에 해당한다. 예를 들어, 식자재를 공급해 주는 업체의 대표나 임직원이 모친상을 당했다고 연락이 오면 부의금을 전달하지 않을 수 없다. 이런 경우 30만 원을 직접 가서 주거나 계좌송금을 했다면 이는 업무추진비에 해당한다.

앞서 모든 경비지출은 증빙을 갖추어야 한다고 했지만 경조비는 예외다. 축의금과 부의금을 전달하고 법정증빙을 받을 수도 없고, 받은 사람의 소득도 아니기 때문에 원천징수도 불가능하다. 이런 이유 때문에 세법에서는 경조비에 한해 건당 20만 원까지는 증빙이 없어도 경비로 인정해준다.

주의할 점은 반드시 20만 원의 상한선을 지켜야 한다는 것이다. 앞의 사례처럼 30만 원을 지급한 경우에는 전액 경비로 인정받지 못한다. 경비로 처리하고자 한다면 장부상으로는 반드시 20만 원까지만 경비로 처리해야 한다.

여기서 문제는 경조비가 지출증빙이 전혀 없기 때문에 대부분 누락되기 쉽다는 점이다. 경조비를 지출한 사업자가 직접 기장을 한다면 누락 가능성이 없지만 증빙을 토대로 경비처리하는 회계사무소에서는 증빙이 없으면 지출 사실을 알 길이 없기 때문이다. 따라서 거래처 경조비는 따로 정리해서 알려줘야 경비처리가 가능하다.

그런데 거래처 경조비를 증빙없이도 경비처리할 수 있다고 해서 아무 근거도 없이 임의로 처리해도 괜찮은 것으로 오해하기 쉬운데, 법정증빙은 없어도 되지만 지출의 근거는 반드시 있어야 한다. 즉, 경조비대장을 작성해두어야 하는데 이는 딱히 정해진 양식이 있는 것은 아니며 노트에 메모형식으로 적어두면 된다.

경조일자, 장소, 상대방 이름과 관계, 경조금액을 적어두고 청첩장이나 부고장 등을 첨부해두면 된다. 모바일로 온 경우에는 캡처해서 보관하거나 출력해두면 된다. 가끔 증빙이 없는 경조비 규모가 커서 국세청으로부터 관련 근거자료 제출을 요구받는 경우도 있기 때문에 반드시 작성해두어야 하며, 관련 내용을 회계사무소에 알려주기 위해서라도 작성이 필요하다. 전년도에 지출한 경조비대장의 내용을 매년 초에 사진으로 찍어서 회계사무소에 보내주고 이를 업무추진비로 처리해 줄 것을 요청하면 된다.

12

세금걷는 것도
유효기간이 있다

☑ 세금소멸시효와 제척기간

세금납부가 헌법에 정해진 국민의 기본의무이지만 내야 할 세금이 많은 경우 세금을 제때 내지 않거나 못 내는 경우가 있는데 이를 체납이라고 한다. 체납자의 생각에는 "계속 미루고 버티면 언젠가는 세금고지서가 안 오겠지?"라는 막연한 기대가 있을 수 있다.

그러나 생각처럼 간단하지가 않다. 오히려 체납세금에 지연납부가산세, 즉 연리 8%의 연체이자가 붙어서 해가 지날수록 눈덩이처럼 불어날 뿐이다. 고액 체납자는 국세청 홈페이지에 실명까지 공개하는데, 가끔 기사에 나오는 A씨의 체납세금이 10억 원이라는 것도 알고 보면 그 중 절반 이상이 가산세다. 미루다보니 가산세가 체납세금보다 더 많아진 상황이 된 것이다.

세금도 결국 국가와 납세자간의 채권·채무이기 때문에 소멸시효라는 제도가 적용된다. 세금의 소멸시효는 5년(징수할 세금이 5억 원이상인 경우에는 10년)이다. 그런데 이를 마치 5년이 지나면 소멸시효가 끝나 세금을 내지 않아도 되는 것으로 착각하면 안 된다.

소멸시효란 국가가 징수권(세금을 걷을 수 있는 권리)을 행사할 수 있는 기간을 의미하는데, 5년이 지나도록 징수권을 행사하지 않으면 징수권이 자동으로 없어진다는 뜻이다. 징수권 행사란 체납자에게 고지서나 독촉장을 보내거나 재산을 압류하는 것인데, 국가가 체납자에게 징수권을 행사하지 않을리가 없다.

이렇게 징수권을 행사하는 순간, 그동안 진행된 소멸시효는 중단되고 새로 다시 시작된다. 따라서 4년이 지난 후 독촉장을 다시 보내면 또 다시 그때부터 5년이 지나야 하므로 사실상 국가가 세금 걷는 것을 포기하지 않는 한, 소멸시효는 영원히 없는 셈이다. 시간이 지날수록 가산세만 불어나기 때문에 결국 내야 할 세금이라면 지금 당장 내는 것이 가장 부담이 적다는 뜻이다.

한편, **제척기간**이란 국가가 부과권(신고하지 않거나 적게 신고한 세금을 내라고 고지할 수 있는 권리)을 행사할 수 있는 기간을 말한다. 세금을 탈루하거나 줄여서 신고한 사실을 국세청이 인지했다면 이를 부과해야 징수가 가능한데, 일정기간이 지나면 설령 인지했다고 하더라도 부과할 수 없다. 15년 전에 신고한 세금이 잘못됐다고 뜬금없이 지금 고지서가 날아오면 얼마나 황당하겠는가? 한마디로 세금을 추징할거면 정해진 기간 안에 하라는 의미다.

일반적으로 세금을 적게 신고한 경우 제척기간은 5년이다. 하지만 단순오류가 아닌 부정한 방법으로 탈세가 이루어진 경우는 10년으로 길어진다. 따라서 실수로 세금을 적게 신고한 부분이 있더라도 신고기한으로부터 최소한 5년은 지나야 안심할 수 있으며 5년이 지나면 부과하기 어렵기 때문에 규모가 큰 법인들에 대해서는 5년 주기로 정기세무조사를 실시하고 있다.

☑ 수정신고와 경정청구는 빨리 해야 한다

세금은 처음부터 정확하게 계산해서 신고하는 것이 최선이지만 때로는 모르거나 실수로 잘못 신고할 수 있다. 이렇게 신고내용에 잘못이 있을 때 스스로 고칠 수 있는 기회를 주는 것이 **수정신고**다.

다만, 수정신고는 당초 신고금액이 실제보다 적어서 추가로 세금을 더 내고자 하는 경우 사용하는 용어다. 만약 필요경비를 빠뜨렸거나 세액공제를 놓쳐서 세금을 더 낸 경우라면 돌려받아야 하는데 이를 **경정청구**라고 한다. 한마디로 경정청구는 환급을 요구하는 수정신고인 셈이다.

수정신고는 딱히 정해진 기간이 없으며 국세청이 탈루사실을 알아내서 추가로 세금을 내라는 고지(바로 잡는다는 뜻에서 경정고지라고 한다)를 하기 전이라면 언제든지 가능하다. 다만, 수정신고는 과소신고한 잘못을 스스로 인정하고 자발적으로 내는 것이므로 이에 대해서는 가산세를 감면해준다. 신고기한으로부터 1개월 이내에 수정신고하면 과소신고가산세를 90%나 감면해준다. 이에 따라 원래는 과소신고가산세가 10%지만 1%만 내면 된다. 감면비율은 수정신고 시점마다 다른데, 2년이 지나면 감면을 전혀 받지 못한다.

결국 수정신고를 빨리 할수록 가산세를 많이 감면받을 수 있기 때문에 신고 이후 잘못된 점을 알았다면 가급적 빨리 수정신고하는 것이 바람직하다.

한편, 경정청구는 5년이라는 시한이 있으므로 신고기한 후 5년이 지난 후에 과다납부 사실을 알았다면 경정청구가 불가능하다. 세금을 돌려받는 것이므로 납세자의 입장에서는 경정청구가 매우 중요한데, 전문가인 세무대리인을 통해 신고했는데도 경정청구가 발생하는 이유는 결국, 따지고 보면 당초 신고할 때 제대로 챙기지 못했기 때문이다. 그럼에도 불구하고 경정청구를 통해 세금을 환급받으면 그 중 일부를 수수료로 내게 된다.

따라서 처음부터 잘 챙겼더라면 신고이후에 따로 경정청구해서 돌려받을 일은 없을 것이므로 거래하는 세무대리인이 모두 다 알아서 해줄거라고 생각하지 말고 사업자 스스로 신고내용을 꼼꼼하게 잘 챙겨야 한다. 세금이든 투자든 돈과 관련된 문제는 맡기더라도 내가 어느 정도는 알아야지, 전혀 모르는 상태에서 무조건 맡기는 것은 매우 위험하다. 신고대리란 내가 정확히 모르니 세금신고를 대신 맡긴 것일 뿐, 세금추징액이나 경정청구비용 모두 결국은 내 통장에서 빠져나가는 것이기 때문이다.

13

공동으로 사업하면
세금이 줄어들까?

☑ 공동사업의 경우 vs 급여로 처리하는 경우

사업자가 소득세의 누진세 폭탄을 피하는 방법은 소득을 낮추는 것인데, **공동사업**인 경우에는 사업체의 소득을 각자의 지분비율대로 나누어 계산하므로 소득금액을 낮출 수 있다. 예를 들어, 사업체의 소득이 1억 5,000만 원일 경우 사업자가 혼자라면 1억 5,000만 원을 기준으로 소득세를 내야 하기 때문에 적용되는 세율이 매우 높다.

그러나 배우자와 자녀를 포함해서 각자 1/3의 지분을 갖는 공동사업자로 사업자등록을 하면 사업체의 소득을 지분비율대로 나누어 각자 5,000만 원에 대해 소득세를 계산하므로 적용되는 세율이 훨씬 낮아진다. 소득세는 기본적으로 개인별로 내는 구조이기 때문이다. 이 경우 명의만 공동으로 넣으면 안 되며 근로자로 소속된 직장이 없는 등 사업자로서 실제로 사업활동에 참여해야 한다. 아울러 창업자금이 큰 경우에는 출자금을 납입할 수 있는 능력도 증명할 수 있어야 한다.

공동사업형태가 아닌 다른 방법도 있다. 공동사업자로 등록하면 각자의 인건비를 경비처리할 수 없으므로 배우자와 자녀를 공동사업자로 넣지 않고 사업체에서 고용하는 방식으로 매월 급여를 지급하고 이를 경비로 처리할 수도 있다.

소득공제와 세액공제를 무시하고 그 차이를 개략적으로 따져 보기로 하자. 앞의 사례처럼 공동사업인 경우 각자의 소득금액은 5,000만 원인데 이때 적용되는 세율은 15%로서 각자 624만 원, 3명이면 총 1,872만 원을 내야 한다. 그러나 공동사업 대신 배우자와 자녀를 근로자로 넣어서 배우자에게 300만 원, 자녀에게 250만 원의 급여를 지급한다면 매년 6,600만 원(= 550만 원 × 12개월)을 추가로 경비처리할 수 있으므로 소득금액은 8,400만 원(= 1억 5,000만 원 - 6,600만 원)으로 줄어든다.

이 구간에 적용되는 세율은 24%로서 1,440만 원의 소득세가 나와 공동사업의 경우보다 432만 원 적다. 그러나 배우자와 자녀의 급여에 대해 따로 소득세를 내야 하므로 배우자와 자녀가 내야 할 소득세가 432만 원보다 적다면 근로자로 넣는 것이 더 유리해 보인다.

게다가 월 급여가 300만 원 이하일 경우에는 소득세 부담이 그리 많지 않으며 연금저축가입 등을 통해 결정세액을 아예 0원으로 만들 수도 있는데다, 미래 퇴직금지급을 통해 추가로 사업체의 소득금액을 줄일 수 있는 여지도 있다. 아울러 건강보험료와 국민연금보험료도 직장가입자로서 비교적 부담이 적은데다, 그 중 1/2은 사업자부담이므로 사업장의 경비로 처리할 수 있다.

지금은 개략적으로 따져봤지만 실제 의사결정시에는 소득금액을 정확하게 반영하고 미래의 매출과 소득전망 등을 고려해서 좀 더 치밀하게 따져보고 결정해야 한다.

☑ 공동사업자와 사업장이 여러 개인 경우 성실신고확인대상 판정기준

성실신고확인대상 여부는 당해 연도 수입금액(매출액)을 기준으로 하는데, 그 대상에 들어가는 것을 피하기 위해 공동으로 사업자 등록을 하는 경우가 많다. 예를 들어, 도·소매업의 경우 매출액이 15억 원 이상이면 성실신고확인을 받아야 하는데, 본인과 배우자의 공동사업으로 사업자등록을 바꾸면 각자의 매출은 7억 5,000만 원이므로 대상에서 제외된다고 생각할 수 있다.

그러나 공동사업인 경우 소득세는 각자의 지분비율대로 나누어 따로 계산하지만, 성실신고확인대상 여부를 판정할 때는 개인별 지분과 상관없이 사업장의 매출총액을 기준으로 한다. 따라서 아무리 여러 명의 공동사업자로 사업자등록이 되어 있더라도 해당 사업체의 연간 매출액이 기준을 넘어가면 확인대상이 된다. 더 나아가 사업장마저 여러 군데로 나눠 분산할 수 있으므로 구성원이 동일한 사업장의 매출은 합산하여 산정한다.

또한 업종이 다른 사업장이 여러 개인 경우 수입금액이 가장 많은 사업장을 주된 사업장으로 보고 다른 사업장의 수입금액을 주된 사업장의 수입금액기준으로 환산해서 합한 금액으로 판정한다. 예를 들어, 두 개의 사업장을 갖고 있는데 도·소매업의 매출이 10억 원이고 서비스업의 매출이 2억 원이라면, 각각의 매출은 성실신고확인대상에 해당하지 않는다.

하지만 서비스업의 매출을 주된 사업장인 도·소매업 기준으로 환산하면 6억 원(= 2억 원 × 15억 원/5억 원)인데, 이를 주된 사업장인 도·소매업의 매출 10억 원에 합산하면 총수입금액은 16억 원으로 15억 원 이상이기 때문에 성실신고확인대상에 해당한다.

| 공동사업 및 복수의 사업장일 경우 성실신고확인대상 판단 |

상황	A사업장	B사업장	판단방법	성실신고 대상여부
1	도매업 10억 원	부동산임대업 2억 원	10억 원 + 2억 원 × (15억 원 / 5억 원) = 16억 원	해당
2	서비스업 8억 원 (공동지분 1/2)		공동사업장은 개인지분과 상관없이 판정	해당
3	부동산임대업 6억 원(공동지분 1/2)	제조업 7억 원 (단독사업)	구성원이 다른 공동사업장과 단독사업장은 별개로 판단	해당 없음
4	음식점업 5억 원	음식점업 6억 원	구성원이 같은 사업자는 합산	해당

| 성실신고확인대상 사업자 |

업종	매출액(당해 연도 수입금액)
도·소매업	15억 원 이상
제조·건설업, 음식숙박업, 금융보험업, 정보통신업	7억 5,000만 원 이상
부동산임대업, 사업서비스업, 교육서비스업, 보건의료업	5억 원 이상

14

성실신고확인을 받느니
차라리 법인으로 바꾸는게 낫다

☑ 법인으로 전환해도 3년간은 그대로 간다

앞서 살펴본대로 성실신고확인대상을 피하기는 매우 어렵다. 매출사이즈가 특대급이고 내야 할 소득세도 많은 개인사업자에게 성실신고확인의 압박감은 매우 크다. 국세청이 직접 확인하는 것은 아니지만 위임받은 세무대리인이 국세청을 대신해서 경비처리의 적정성에 대해 깨알같이 검증하는 셈이므로 그 부담이 만만치 않고 그로 인해 소득세 부담도 종전보다 대폭 증가한다. 검증을 잘못하면 고강도의 징계를 받기 때문에 검증하는 세무대리인도 부담이 있기는 마찬가지다.

이런 상황이라면 굳이 개인사업자로 남을 필요가 없다. 실제 세금부담도 엄청나서 견디기 쉽지 않다. 세전순이익을 과세표준으로 보면 과세표준이 1억 원일 때 산출세액은 2,000만 원이다. 만약 법인이라면 9%인 900만 원인데, 무려 1,100만 원의 차이가 나는 셈이다.

물론 법인의 경우 나중에 주주나 대표가 법인으로부터 배당이나 급여 등 소득을 분배받을 때 2차 과세가 이루어진다. 개인은 비록 소득세가 버겁기는 해도 종합소득세를 내고 나면 그것으로 끝이지만, 법인은 세금낸 후의 이익금이 법인에 그대로 남는다. 훗날 누적된 법인의 이익금을 배당이나 급여 등의 형태로 지급할 때 주주와 대표는 각각 배당소득세와 근로소득세를 내야 하는 점이 걸림돌이다. 어느 것이 더 좋을지는 사업자가 판단해서 결정해야 하겠지만 세금차이가 너무 심한 경우라면 법인전환을 할 수밖에 없다.

그런데 성실신고확인대상 사업자가 이런저런 이유로 법인전환을 하더라도 이후 3년간은 여전히 성실신고확인을 받아야 한다. 따라서 3년 동안은 법인세 신고시 성실신고확인을 받아서 4월에 법인세를 신고하게 된다. 이렇게 법인전환 이후에도 계속 성실신고확인을 받도록 하는 이유는 성실신고확인대상인 사업체가 성실신고확인을 회피하기 위해 법인으로 전환하는 것이라고 보기 때문이다.

법인으로 전환한 후에도 3년간 성실신고확인을 거치면 이후부터는 눈에 띄기 때문에 가공경비나 가족관련 인건비 등을 함부로 처리할 수 없게 된다. 이는 결국 매출액이 성실신고확인대상에 들어가기 직전에 법인전환을 미리 서둘러야 함을 의미한다.

15

임대사업자만의
독특한 세금계산방식

☑ 업무추진비 축소와 간주임대료

임대업은 주택이나 상가 등 부동산을 빌려주고 임대료를 받는 것으로서 임대료가 주된 수입금액이다. 어떤 경우이든 임대소득에 대해서는 소득세를 내야 한다. 요즘은 법인형태의 임대사업자도 많은데, 흔히 임대법인, 부동산임대회사라고도 한다. 법인은 임대소득에 대해 종합소득세가 아닌 법인세를 낸다는 점만 다를 뿐, 큰 차이는 없다.

그런데 임대업의 경우에는 장부기장을 하더라도 필요경비에 넣을 만한 것이 별로 없다는 점이 고민이다. 그러다보니 무리하게 고가 또는 여러 대의 승용차를 취득해서 감가상각비 등 관련비용을 과다하게 경비로 처리하거나 개인적인 지출을 업무추진비로 포장해서 지출하는 사례가 많다. 물론 건물주라고 하더라도 임차인을 유치하기 위해 때로는 접대성 지출이 필요할 수도 있지만, 업무추진비를 포함한 과도한 경비처리는 국세청에 조사의 빌미를 줄 수 있으므로 주의해야 한다.

또한 임대업의 경우 월세수입 외에 임차인으로부터 받은 임대보증금에 대한 이자상당액도 부가가치세 과세표준과 소득세 과세표준에 포함시켜야 하는데, 이를 간주임대료라고 한다. 간주임대료는 임대부동산이 주택인지, 상가인지에 따라 다르며 기장과세인지, 추계과세인지에 따라서도 조금씩 다르다.

☑ 주택임대사업과 상가임대사업의 세금차이

임대업은 임대자산의 용도(주거용 또는 상업용)에 따라 과세방식이 다르므로 각각 나누어서 살펴보기로 하자.

● 주택임대업

주택임대용역은 부가가치세가 면제된다. 즉, 면세사업이므로 부가가치세를 신고할 필요가 없다. 부가가치세는 상대방인 임차인이 부담하는 것인데, 주거용 주택은 사업자가 사용하는 것이 아니므로 비사업자인 임차인이 부가가치세를 그대로 떠안는 문제가 생긴다.

따라서 임대료 부담을 낮춰주기 위해 주택임대료에는 부가가치세를 면제해주며 사업자등록을 할 경우 면세사업자로 등록하면 된다.

그런데 소득세의 경우 1주택자에 대해서는 월세수입이 있다고 하더라도 임대소득세를 비과세한다. 단, 공시가격 12억 원을 초과하는 고가주택인 경우는 1주택이라도 임대소득세를 내야 한다. 결국 임대소득세는 주택수가 2주택 이상(본인과 배우자의 것을 합산하여 판정한다)인 경우부터 과세하는데, 전세보증금에 대해서는 과세하지 않고 월세수입에 대해서만 과세한다.

주택임대사업자가 장부를 기장했다면 장부상 계산된 소득금액을 기준으로 내면 된다. 그런데 임대업은 그 특성상 필요경비로 처리할 만한 것이 별로 없다. 임대업의 필요경비는 건물에 대한 감가상각비, 수선비, 중개수수료, 임대부동산에 대한 재산세와 종합부동산세 및 보험료, 부동산취득시 빌린 차입금의 이자 등이 있을 수 있다. 규모가 큰 건물이라면 건물관리인에 대한 인건비도 가능하다. 하지만 임대수입에 비해 필요경비로 처리할 금액이 많지 않으며 임대료수입이 연간 2,400만 원 미만인 경우에는 단순경비율로 추계과세가 가능하므로 소규모 주택임대사업자의 경우 장부기장을 안 하는 경우가 많다. 이렇게 추계로 세금을 신고할 경우 단순경비율은 40% 내외다. 예를 들어, 2주택자가 전세보증금 5,000만 원과 월세 100만 원에 아파트를 임대하면 수입금액 1,200만 원에서 필요경비 480만 원을 차감한 720만 원이 임대소득이 된다. 만약 월세없이 전세로만 임대했다면 소득세는 아예 없다.

나아가 주택임대수입이 연간 2,000만 원 이하인 경우에는 단순경비율과 상관없이 수입금액의 50%(임대사업자등록을 한 경우에는 60%)

분리과세가 뭔가요?

분리과세란 이자·배당·연금 및 기타소득 등의 경우 소득금액을 지급할 때 지급자인 금융회사 등이 해당 소득에 대한 소득세를 미리 공제하고(이를 원천징수라고 한다) 지급하는데, 이렇게 원천징수함으로써 납세절차를 종결시키는 방법을 말한다. 즉, 분리과세소득에 해당하는 경우에는 소득자의 다른 종합소득에 합산하지 않고 해당 소득금액에 대해서만 정해진 원천징수세율에 의해 세금을 떼이면 그것으로 모든 납세절차가 종결되는 것이다.

| 부동산임대업의 단순경비율과 기준경비율 |

업종코드	업 종 명	단순경비율		기준경비율
		기본율	초과율	
701101	부동산 / 고가주택임대	37.4		15.2
701102	부동산 / 일반주택임대	42.6		17.2
701103	부동산 / 장기임대공동, 단독주택	61.6		20.1
701104	부동산 / 장기임대다가구주택	59.2		21.3
701201	부동산 / 점포(자기땅)	41.5		16.7
701202	부동산 / 점포(타인땅), 소규모점포	36.9		10.9

▲ 부동산임대업의 특성상 매입비용, 임차료, 인건비가 따로 발생하지 않으므로 낮은 기준경비율을 적용하면 불리하다. 따라서 수입금액이 2,400만 원을 초과하면 장부기장을 검토해야 한다.

를 필요경비로 공제하고 종합소득신고시 14%의 세율로 분리과세 하는 혜택을 받을 수 있다. 분리과세소득은 종합소득에 합산되지 않기 때문에 다른 종합소득이 많아 적용세율이 높은 경우에는 매우 유리하다.

● 상가임대업

상가임대용역은 부가가치세가 과세된다. 따라서 사업자등록을 하고 일반과세자의 경우 매월 임대료를 받을 때마다 세금계산서를 발행해야 한다. 게다가 부가가치세를 신고할 때 과세표준에는 간주 임대료를 포함시켜야 한다.

간주임대료란 임대보증금에 세법에서 정한 이자율(금리 변동에 따라 매년 바뀐다)을 곱한 것으로서 보증금에 대한 이자상당액을 임대인의 추가적인 수입으로 간주하는 것이다. 예를 들어, 임대보증금 2억 원에 월세 200만 원을 받는 임대사업자(일반과세자)가 7월 25일에 1기분 부가가치세를 신고할 때 과세표준은 6개월간 임대료 1,200만 원에 간주임대료 300만 원(= 2억 원 × 3%(가정) × 6/12)을 더한 1,500만 원이 된다. 매입세액이 없다면 납부할 부가가치세는 150만 원인데, 120만 원은 매월 세금계산서발행시 임차인으로부터 받은 돈이지만 간주임대료에 대한 부가가치세 30만 원은 임대인이 별도로 내게 되는 셈이다.

소득세는 주택의 경우처럼 2,400만 원 미만이면 장부없이 추계과세(단순경비율은 40% 내외이다)가 가능한데, 이때에도 간주임대료를 수입금액에 포함시켜야 한다. 만약 수입금액이 많아 기장을 하는 경우라면 필요경비를 차감한 소득으로 신고하면 되는데, 이 경우에는 간주임대료를 별도로 포함시키지 않아도 된다.

● 임대법인

부동산임대를 주업으로 하는 법인도 개인사업자의 경우처럼 부가가치세와 함께 법인소득에 대해서는 법인세를 내야 한다. 다만, 법인은 장부를 기장해야 하므로 추계과세 대신 기장과세를 한다는 점만 다르다. 그런데 법인세 세율이 낮다보니 임대업을 법인으로 운영하는 경우가 많은데, 마땅한 비용이 없다보니 대부분 고가의 승용차와 업무추진비를 통해 경비처리하는 경우가 많다.

그래서 세법에서는 부동산임대법인에 대해서는 좀 더 엄격한 규제를 하고 있다. 즉, 다음의 3가지 요건에 모두 해당되는 법인은 업무추진비 한도를 일반법인의 1/2만 인정한다(기본금액을 연간 3,600만원의 1/2인 1,800만원까지만 인정). 그만큼 임대업의 특성상 업무추진비가 많이 지출될 가능성이 없다고 보는 것이다. 아울러 업무용승용차에 대한 관련비용이 500만 원을 초과하면 운행기록부를 작성해야 하며, 다른 업종과는 달리 감가상각비 한도를 연간 400만 원, 승용차처분손실 한도도 연간 400만 원까지만 인정한다. 또한 법인이지만 법인세 신고시 성실신고확인을 받아야 하는데 확인에 소요된 비용은 개인사업자와 마찬가지로 60%(150만원 한도)를 세액공제 받을 수 있다.

> - 부동산임대업이 주업이거나 부동산임대·이자·배당수입이 전체 매출의 50% 이상인 법인
> - 지배주주 등이 보유한 주식이 전체 발행주식의 50%를 초과하는 법인
> - 상시 근로자가 5명 미만인 법인

▲ '지배주주 등'이란 1% 이상의 지분을 보유한 주주로서 해당법인의 주주 중 가장 많은 주식(4촌 이내의 친족 등 특수관계인이 보유한 주식을 포함)을 보유한 주주 등을 말한다.

☑ 임대사업자등록의 장·단점을 따져보자

주택을 임대하는 경우 임대사업자등록을 하면 여러 가지 혜택이 주어지는데, 대부분은 세금을 감면해주는 것이다. 취득세와 재산세를 감면해주며 연간 임대료수입이 2,000만 원 이내인 경우 필요경비를 60%나 공제받을 수 있다. 아울러 종합부동산세를 계산할 때 주택수에도 합산하지 않는다.

히지만 매년 임대료를 5% 이상 올릴 수 없으며 의무임대기간이 10년이어서 처분이 제한된다는 단점도 있으므로 자신의 상황에 맞춰 최선의 방법을 선택해야 한다.

16

법인을 고도비만 상태로
방치하면 안된다

☑ 배당은 가늘고 길게 하는 것이 상책이다

개인사업자에 비해 법인이 좋은 점은 단연코 낮은 세율이다. 종합소득세율에 비해 법인세율은 현저히 낮다. 그런데 법인세를 내고 난 후의 이익은 그대로 법인에 남는데 이를 유보라고 하며 시간이 지나면서 **유보이익**(이를 이익잉여금이라고 한다)이 점점 쌓이면서 주주의 고민도 같이 쌓인다.

마음 같아서는 당장 빼내서 가져가고 싶지만 주주로서 배당금을 받으면 이에 대해 배당소득세를 내야 하고, 대표로서 급여나 상여금을 받으면 근로소득세를 내야 하기 때문에 세금을 내기 싫어 이를 그대로 방치하는 경우가 많다.

그러나 법인의 유보이익은 언젠가는 세금을 내야 하며, 쌓아둘수록 그 부담만 커진다. 일정 부분은 미래 손실에 대비해서 남겨두어야 하겠지만 너무 과도한 금액의 유보도 바람직하지 않다.

법인을 매각할 경우에는 유보이익이 많을수록 높은 가격으로 매각할 수 있지만 그만큼 양도소득세를 많이 내야 한다. 법인이 청산할 때에도 주주가 분배받은 금액에서 처음 투자한 출자금을 뺀 금액을 배당소득으로 보기 때문에 세금을 피하기는 어렵다. 만약 법인주식을 증여하거나 불의의 사고로 상속할 경우에는 기업가치가 높게 평가되어 상속세와 증여세를 많이 내야 할 수도 있다.

그러므로 가장 좋은 방법은 적정한 금액만 남겨 두고 매년 조금씩 배당으로 유출시키는 것이다. 배당금은 이자소득과 합산하여 연간 2,000만 원까지는 14%로 분리과세되지만, 연간 2,000만 원을 초과하면 초과액에 대해서는 종합소득세율이 적용(이를 금융소득종합과세라고 한다)되어 불리하기 때문에 가급적 그 이내에서 하는 것이 좋다. 배당은 반드시 그 해에 이익이 있어야만 할 수 있는 것은 아니므로 이익잉여금 범위 내에서 이익이 나든 손실이 나든 매년 꾸준히 배당하는 것이 최선의 방법이다. 한꺼번에 몰아서 지급하는 경우 2,000만 원이 넘으면 분리과세가 불가능하고 적용세율도 높아지기 때문이다.

배당을 얼마나 하는 것이 적정할지는 법인규모나 소득규모에 따라 다르겠지만, 금융소득이 1,000만 원을 초과하면 대표의 직장건강보험료 외에 보수외소득에 대한 건강보험료가 추가된다는 점도 고려해야 한다. 보수외소득에 대한 건강보험료란 근로자에게 급여 외의 종합소득이 있는 경우 이를 기준으로 직장건강보험료와는 별도로 건강보험료를 추가로 부과하는 것을 말한다. 이 경우 부과되는 건강보험료는 직장건강보험료가 아니므로 본인이 전액을 부담해야 한다.

그런데 **보수외소득**에는 종합소득 이외에 분리과세되는 연간 2,000만 원 이하의 주택임대소득과 1,000만 원을 초과하는 분리과세 금융소득도 포함된다. 다만, 보수외소득 총액에서 연간 2,000만 원을 공제한 금액을 기준으로 부과되므로 다른 소득이 없다면 연간 2,000만 원 이내의 배당소득은 건강보험료가 부과되지 않을 수도 있다.

17

여윳돈으로
주식을 사볼까?

☑ 주식은 세법상 업무무관자산이 아니다

법인도 개인처럼 주식투자를 할 수 있다. 사업을 통해 돈을 벌면 그 돈을 잘 운용해서 투자성과를 내는 것도 영업성과 못지 않게 중요하다. 예금에 투자하면 안정적인 이자수익이 발생하지만 금액이 적다. 이런 경우 주식에 투자하면 배당금수익이 생길 수 있고 매매를 통해 차익을 실현하면 유가증권처분이익도 얻을 수 있다. 이런 모든 이익에 대해서 법인세를 내야 하지만 법인세율이 낮기 때문에 별 부담은 없다.

법인과 개인사업자 모두 이자와 배당금에 대해서는 이자소득세와 배당소득세를 14%로 원천징수당하는 것은 같다. 개인은 그 금액이 연간 2,000만 원을 초과하면 종합소득에 합산된다. 그러나 법인의 경우에는 금융소득종합과세가 적용되지 않으며 법인세율이 9%이므로 원천징수당한 법인세의 일부를 법인세 신고시에 환급받을 수 있다.

무엇보다 법인은 금융소득에 대한 종합과세가 없다는 점에서 개인과 다르다. 게다가 배당금의 30%는 법인소득에서 제외시키는데 이를 배당금의 **익금불산입**이라고 한다. 이렇게 하는 이유는 배당을 지급한 회사에서 법인세를 내고 난 후의 이익을 주주에게 배당한 것인데, 배당을 받은 법인에게 또 법인세를 과세하는 것은 명백한 이중과세이기 때문이다.

그런데 매매에 따른 양도차익에 대한 세금은 법인이 불리하다. 법인은 처분이익에 대해 항상 법인세를 내야 하지만, 개인은 상장주식의 양도차익에 대해 대주주(종목당 보유액이 50억 원 이상인 주주를 말한다)가 아니라면 양도소득세를 내지 않는다.

따라서 만약 예금이나 주식을 장기간 보유하면서 이자와 배당금을 받을 목적이라면 법인이 유리하고, 단기매매를 통해 차익을 얻을 목적이라면 개인이 유리하다. 이런 장·단점을 잘 비교해서 자신의 상황에 맞게 설계하고 운용해야 한다.

어쨌든 법인도 여유자금이 있다면 주식을 통해 투자이익을 달성할 수 있는데, 돈이 없어서 차입금을 빌려 주식을 사더라도 괜찮다. 만약 차입금을 빌려 비업무용부동산을 취득하거나 대표자에게 가지급금으로 빌려준 경우(이들을 업무무관자산이라고 한다)에는 해당 차입금의 이자를 세무상 경비로 인정하지 않는데, 투자목적으로 취득한 주식은 이러한 업무무관자산에 해당하지 않아 문제가 없다.

18

법인대표가 법인에게 돈을
빌려줄 때와 빌려쓸 때 주의사항

세율면에서는 단연코 법인이 유리하지만, 법인으로 사업할 때에는 주의해야 할 것이 있다. 법인과 대표의 돈거래인데, 대부분 법인 대표는 자신이 투자해서 만든 법인을 독립된 실체로 인정하지 않고 자신과 동일시하는 경우가 많다. 그래서 개인적으로 돈이 필요하면 법인통장에서 인출하고 반대로 법인통장에 돈이 부족하면 개인자금을 법인에 빌려주기도 한다.

특히 개인사업에서 법인으로 전환한 경우 과거 개인사업자 시절의 관행과 습관을 그대로 유지하다보면 이런 일이 빈번하게 일어난다. 그런데 법인과 대표가 돈거래하는 것 자체는 얼마든지 가능하지만 세법에서는 이 과정에서 부당행위가 발생하는 것을 용납하지 않는다.

부당행위란 법인이 특수관계인에게 정상이자보다 낮은 이자를 받고 돈을 빌려주거나(이를 가지급금이라고 한다), 높은 이자를 주고 돈을 빌려오는 것(이를 가수금이라고 한다)을 말한다. 법인이란 법적인 인격체로서 해당 법인에 투자한 주주 또는 대표와는 별개의 실체이므로 금전거래시 당연히 정상적인 이자를 주고 받아야 한다. 이 경우 법인과 특수관계인이 부당한 금전거래를 통해 법인의 소득이 탈루되고 특수관계인이 경제적 이득을 취할 수 있으므로 이를 규제하는 것이다.

특수관계인과의 부당행위란?

특수관계인과의 거래시 시가보다 높거나 낮은 금액으로 거래를 해서 세금부담을 줄이는 것을 **부당행위**라고 한다. 예를 들어, 대표가 소유하고 있는 부동산을 법인이 시가보다 높은 금액으로 사면(고가매입) 대표는 비싸게 판 만큼 법인으로부터 부당한 이익을 취하게 되며 법인은 나중에 해당 부동산을 팔 때 처분이익이 적어지므로 법인세를 적게 낸다.

이와 반대로 법인이 대표에게 자산을 시가보다 낮은 금액으로 팔면(저가양도) 대표는 싸게 산만큼 이익을 얻고 법인은 앞의 경우와 마찬가지로 처분이익을 줄여 법인세를 적게 낸다. 특수관계인과 이런 부당거래를 한 사실이 드러나면 거래금액에 상관없이 정상시가와의 차액에 대해 세금을 부과한다. 이 경우 특수관계인이란 법인의 임직원과 주주는 물론 그 친족을 모두 포함한다.

한편 개인사업자의 경우에는 예금을 포함한 사업체의 모든 자산이 개인의 것이기 때문에 이런 규제가 전혀 없다. 자기 돈을 자기가 빌려간다는 개념도 없을뿐더러 심지어 가져가도 아무 문제가 없는데, 법인의 경우에는 이유없이 가져가면 횡령이 되며, 빌려 줄 때에도 반드시 정상이자를 받아야 한다.

이 경우 정상이자란 세법에서 정한 이자율로 계산한 금액인데, 현재는 연리 4.6%로 정해져 있다. 예를 들어, 법인대표가 1억 원을 법인통장에서 빼서 쓰고 이를 법인의 가지급금으로 처리했다고 하자. 자금사용기간은 1년이며 법인에게 이자는 지급하지 않았다. 이렇게 법인이 대표에게 정상이자를 받지 않고 금전을 빌려준 경우에는 네 가지 불이익을 감수해야 한다.

첫째, 빌려준 가지급금에 대한 이자를 계산하는데, 이를 **인정이자**라고 한다. 즉, 법인은 이자를 받지 않았지만 세법에서는 받은 것으로 인정한다는 뜻이다. 따라서 1억 원의 4.6%인 460만 원을 법인의 소득에 포함시켜 법인세를 부과한다.

둘째, 이자를 내지 않고 돈을 가져다 쓴 대표에게 경제적 이득이 돌아갔으므로 대표는 460만 원의 추가급여(이를 인정상여라고 한다)를 받은 것으로 보고 이에 대해 근로소득세를 부과한다.

셋째, 만약 해당 법인에게 금융회사 차입금이 있다면 이자를 지급했을텐데, 대표에게 빌려준 돈이 차입금의 일부라고 간주하고 차입금 중 대여금에 해당하는 이자비용을 세법상 경비로 인정하지 않는다. 사례법인의 은행차입금이 3억 원이고 이에 대한 이자비용이 1,200만 원이라면, 차입금 중 1/3인 1억 원에 해당하는 이자비용 400만 원(= 1,200만 원 × 1억 원 / 3억 원)을 사업관련 경비로 인정하지 않아 이에 대해 법인세를 추가로 부과한다.

마지막으로 특수관계인 가지급금은 반드시 회수해야 하므로 어떤 경우에도 대손처리가 불가능하다. 회수시기는 특수관계인 신분이 소멸될 때까지인데, 결국 대표를 그만두는 퇴직시점이거나 법인 청산시점이다. 만약 이때까지도 가지급금을 상환하지 않는다면 빌려간 금액 전액을 대표에 대한 급여로 보고 이에 대해 근로소득세를 부과한다.

대표자 가지급금에 대해 이런 위험이 있는데도 불구하고 많은 법인대표들이 정상이자를 주고받지 않으면서 법인과 금전거래를 한다. 법인은 복식부기에 의한 장부작성을 해야 하므로 모든 거래가 기록으로 남아 있기 때문에 규모가 어느 정도 있는 법인의 경우 조사를 통해 드러날 수밖에 없다. 따라서 가급적 금전거래를 하지 않는 것이 가장 바람직하며 금전거래빈도가 잦거나 그 금액이 클 경우에는 조심해야 한다.

한편 가지급금과 반대로 법인의 대표가 법인에게 돈을 빌려주는 경우(이를 가수금이라고 한다)도 있는데, 이런 경우에는 대표가 정상이자보다 이자를 많이 받는 것이 문제가 된다. 이때 적용되는 정상이자도 마찬가지로 연리 4.6%인데, 이를 초과해서 받은 이자에 대해서는 대표자에게 근로소득세를 부과한다.

이 경우 비록 정상이자로 지급하더라도 법인이 대표(개인)에게 이자를 지급하는 것이므로 반드시 이자소득세를 원천징수해야 한다. 그런데 이때 지급하는 이자는 사채이자에 해당하므로 세율이 무려 25%(법인세의 10%인 지방소득세를 포함하면 27.5%)에 달한다. 원천징수와 함께 지급명세서도 제출해야 하는 등 절차가 복잡하므로 이런 경우에는 아예 이자없이 빌려주고 회수하는 것이 가장 무난하다. 왜냐하면 대표가 법인에게 빌려주는 경우에는 정상이자보다 이자를 많이 받는 것이 문제지, 적게 받거나 아예 안 받는 것은 문제가 없기 때문이다.

| 가지급금과 가수금의 세무리스크 |

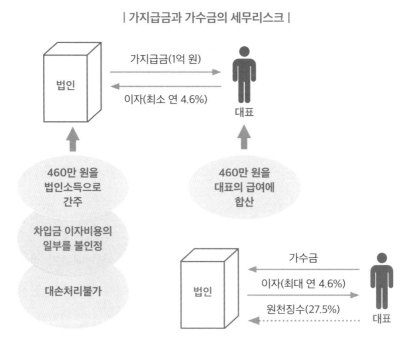

19

가족기업에 숨겨진
깊은 뜻이 있다

☑ 가족기업은 숙주인 동시에 소득분쇄기다

요즘은 가족기업이 대세다. 가족기업은 글자 그대로 가족끼리 운영하는 패밀리^{Family} 사업체인데, 개인사업체든 법인사업체든 가족을 구성원으로 꾸리는 것을 말한다. 가족기업이 많아지게 된 배경은 점점 커지고 있는 우리 사회의 3대 위험 때문이다.

첫째, 임금위험$^{Salary\ Risk}$이다. 최저임금의 급격한 상승은 사업체의 비용을 증가시켰고 이로 인해 사업자의 가처분소득을 감소시켰다. 비용절감을 위해서는 고정적인 급여를 지급하지 않아도 되는 노동력이 필요하고 이에 적합한 노동력이 가족의 노동력이다. 물론 배우자나 자녀의 노동에 대해서도 보상이 필요하지만 조금은 탄력적이고 유연하게 지급할 수 있어 편리하다.

둘째, 사람위험Human Risk이다. 사업자가 해야 할 관리업무 중 가장 힘든 부분이 노무관리, 즉 사람관리다. 근로자 채용도 어렵지만 근무환경이 조금이라도 마음에 안 들거나 힘들면 주저없이 퇴사하는게 일반적이다. 과거에 비하면 근로자의 직업적 책임의식도 다소 부족해졌다. 사업자의 마인드를 공유하는 것까지는 바라지 않더라도 고객과의 소통이나 서비스마인드가 결여된 경우가 많다. 특히 그만두면서 사업체의 약점이나 잘못된 부분을 문제삼는 경우도 있다. 이런 모든 것들이 남이라는 사람으로부터 발생하는 위험이므로 이를 차단하기 위해서 남이 아닌 가족을 선택하게 된다. 게다가 저성장에 따른 취업난 등으로 자녀들이 좋은 직장을 들어가기도 쉽지 않다. 이런 경우 사랑하는 가족은 휴먼리스크를 제거할 수 있는 좋은 대체재가 된다.

셋째, 세무위험Tax Risk이다. 소득과 재산이 있는 곳에 어김없이 등장하는 것이 세금이다. 절세의 가장 기본적인 원칙은 분산이다. 하지만 어느 날 갑자기 분산하는 것은 쉽지 않다. 평소에 소득을 나누는 것이 가장 좋은데, 그렇게 하려면 일단 가족을 사업체의 구성원으로 들여야 한다. 들이는 방법은 근로자일 수도 있고 주주일 수도 있는데, 법인의 경우에는 두 가지 모두 가능하다. 근로자로서 사업체의 소득을 공유하면 자신의 소득형성은 물론 재산취득시 자신의 분명한 자금출처를 밝힐 수 있는 자금원이 확보되어 훗날 증여받기도 수월해진다.

법인주주라면 법인의 배당금도 공유할 수 있는데, 특히 가족간 배당소득의 분산으로 종합과세를 대비할 수 있다. 부동산임대법인의 주주 구성원은 대부분 가족이며 임직원도 가족일 가능성이 높다. 법인의 수입 중 인건비와 차량유지비, 업무추진비 등을 사용하고 남은 이익금은 주주들이 나눠 갖는다. 한마디로 사훈이 "우리 가족끼리"인 셈이다. 임대업은 그 특성상 별다른 노력없이 수익창출이 가능한 사업이므로 가족기업을 하기에 가장 적합한 모델이지만, 다른 업종들도 앞으로 이런 가족기업이 많이 등장할 가능성이 매우 높다.

CHAPTER

사업종료기
은퇴자금이 준비됐으면
재산이전을 고민하자

01

폐업, 사업양도와
법인청산절차

☑ 폐업을 하더라도 세금은 다 내야 한다

사업을 정리하기 위해서는 개인사업자나 법인 모두 폐업신고를 해야 한다. 홈택스를 통해 폐업신고를 하거나 세무서를 방문해서 폐업신고 후 사업자등록증을 반납하면 된다. 그리고 폐업한 사업자는 원래의 부가가치세 신고기한과 상관없이 폐업신고일의 다음달 25일까지 부가가치세 신고를 앞당겨서 해야 하는데, 이때 문제가 되는 것이 재고자산에 대한 부가가치세 부담이다.

폐업시 사업자가 갖고 있는 재고자산은 매입당시 매입세액을 전부 공제받은 것이므로 세법에서는 폐업시 이를 전부 매출한 것으로 본다. 즉, 재고자산금액의 10%를 부가가치세로 내야 한다. 사업이 안되어 폐업하는 마당에 팔지도 못한 재고를 매출로 간주해서 부가가치세를 내야 한다니, 기가 막히지만 매입세액공제를 받았기 때문에 어쩔 수 없다. 이 경우 부가가치세를 피하기 위해서는 폐업하는 사업자가 사업을 계속할 사업자에게 재고를 포함하여 사업을 통째로 넘기는 방법이 있는데, 이를 포괄양도라고 한다.

포괄양도란 사업을 전체적으로 넘기는 것으로서 주인만 바뀔 뿐 사업내용, 과세유형, 사업체의 자산·부채와 근로자 및 거래처까지 그대로 양수자에게 이전하는 계약을 말한다. 핵심은 사업의 동질성이 그대로 유지돼야 한다는 것인데, 이렇게 포괄양수도거래가 발생하면 굳이 보유중인 재고에 대해 서둘러 부가가치세를 과세할 이유가 없다.

따라서 부가가치세 신고시 포괄양수도계약서를 제출하면 재고자산에 대한 부가가치세를 납부할 필요가 없다. 또한 권리금에 대한 부가가치세도 납부의무가 없으므로 세금계산서를 발행하지 않아도 된다. 한편, 소득세법에 따른 각종 지급명세서도 폐업일의 다음 달 말일까지 제출해야 하며 종합소득세는 그동안 하던대로 다음해 5월에 신고하면 된다.

☑️ 법인을 청산할 때 법인과 주주가 내야 하는 세금

법인의 경우에는 폐업신고와 별도로 법인해산과 청산절차를 거쳐야 한다. **해산등기**는 설립등기로 만들어진 법인이 소멸했음을 등기하는 것으로서 필요서류를 갖추어 관할 등기소에 신청하면 된다.

해산등기가 마무리되면 해산등기일이 속하는 달의 말일부터 3개월 이내에 해산등기일까지 발생한 법인소득에 대한 법인세를 신고해야 한다. 아울러 청산공고(법인이 소멸될 예정이라는 사실을 채권자에게 알리는 것)를 한 다음, 청산절차를 진행하면 된다. **청산절차**란 법인재산을 정리해서 채무를 상환하고 남은 잔액을 주주에게 분배하는 절차를 말한다. 법인청산단계에서 내야 하는 세금은 두 가지다.

첫째, 법인재산 중 채무를 상환하고 남은 금액을 잔여재산이라고 하는데, 잔여재산금액이 확정되면 이후 3개월 안에 청산소득에 대한 법인세를 신고하고 납부해야 한다. **청산소득**이란 법인 청산시 남은 재산이 장부상 자기자본을 초과한 금액으로서 사업연도 중에 미처 과세하지 못한 금액을 말한다.

예를 들어, 법인이 보유한 토지의 장부가액이 5억 원이었으나 청산하면서 20억 원에 매각했다면 그동안 토지를 취득원가금액으로 두었기 때문에 장부에는 15억 원이 이익으로 반영되지 않았는데(세법에서는 미실현이익을 소득으로 보지 않기 때문에 설령 15억 원의 평가이익을 반영했더라도 이를 소득에 포함시키지 않는다), 청산과정에서 이익이 확정된 것이므로 이에 대해 법인세를 내야 한다.

둘째, 잔여재산 분배 결과 법인의 주주가 당초 투자했던 금액보다 더 많이 받은 금액은 배당소득에 해당하므로 이에 대해 배당소득세를 내야 한다. 예를 들어, 법인설립시 주주가 투자한 금액이 1,000만 원이었으나 그동안 법인의 이익잉여금이 많이 쌓여 청산할 때 1억 원을 받았다면 9,000만 원이 배당소득에 해당한다. 그런데 배당소득은 금융소득이므로 이자소득과 합쳐서 연간 2,000만 원을 초과하면 종합소득에 포함된다. 따라서 법인이 원천징수했다고 하더라도 배당금을 받은 주주는 다음해 5월에 종합소득으로 신고해야 한다.

이외에 청산법인에 미회수된 가지급금(대표나 주주 등 특수관계인이 빌려간 돈)이 있다면 이를 급여나 배당으로 간주하므로 각각 근로소득세 또는 배당소득세를 원천징수해야 한다. 따라서 가지급금이 있는 경우에는 청산 전에 미리 회수해서 정리하는 것이 바람직하다.

이렇게 법인은 개인사업자와 달리 폐업시 절차가 복잡하며, 법인으로 존속하는동안 법인세를 적게 내면서 이익금을 계속 유보해왔지만 청산을 하는 순간 그동안 보류됐던 세금과세가 봇물처럼 쏟아진다는 점을 알 수 있다. 그러므로 법인청산을 계획하고 있을 때에는 이런 점을 감안해서 미리 적절한 사전대비를 한 후 청산절차에 들어가야 한다.

| 법인을 청산할 때도 세금을 내야 한다 |

재무상태표

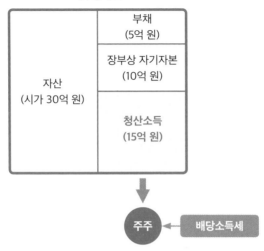

▲ 법인청산시 순자산(자산 - 부채)의 시가(25억 원)에서 장부가액(10억 원)을 차감한 15억 원의 청산소득에 대해 법인세를 내야 하며, 순자산이 주주에게 분배될 때 당초 투자금액을 초과해서 받은 것은 배당소득으로 과세된다.

02

사업자도 퇴직금을
가져갈 수 있을까?

☑ 법인대표의 퇴직금 설계는 이렇게 하라

개인사업자는 근로자가 아니므로 퇴직금지급이 불가능하다. 결국 매년 순이익을 통해 스스로 본인의 급여와 퇴직금을 챙겨야 한다. 그러나 법인 대표는 근로자로서 퇴직금을 가져갈 수 있는데, 퇴직금에 대한 소득세가 워낙 낮기 때문에 세법에서는 임원퇴직금에 대해 따로 규제를 한다.

첫째, 법인의 임원퇴직금은 반드시 정관에 규정된 금액까지만 퇴직금으로 인정한다. 여기서 인정이란 지급한 금액을 퇴직금으로 보고 퇴직소득세를 과세하는 금액을 말한다. 만약 범위액을 초과해서 지급했다면 초과액을 퇴직금이 아닌 급여로 본다. 따라서 법인 정관에 임원퇴직금의 지급한도를 정해둬야 하며, 만약 정관에 규정이 없을 경우에는 세법에서 정한 금액까지만 인정한다.

정관에 규정이 없을 경우 세법상 정해진 임원퇴직금의 한도는 "퇴직 전 1년간의 총급여(비과세급여 제외) × 1/10 × 근속연수"로 계산한다. 예를 들어, 임원의 퇴직 전 연봉이 6,000만 원이고 근속연수가 15년이라면 퇴직금 한도는 9,000만 원(= 6,000만 원 × 1/10 × 15)으로 계산된다.

둘째, 정관에 규정이 있다고 하더라도 그 금액이 "퇴직 전 3년간의 평균급여(비과세급여 제외) × 1/10 × 근속연수 × 2배수"를 초과하면 안 된다. 세법기준을 초과해서 지급한 금액은 법인의 경비로는 인정하지만 퇴직금을 받은 임원에게는 근로소득으로 보아 세금을 무겁게 매긴다.

결국 2배수까지는 퇴직금으로 인정하는 것이므로 앞의 사례의 경우 최대로 지급 가능한 금액은 1억 8,000만 원이 된다. 다만, 이 금액을 인정받기 위해서는 미리 정관에 임원퇴직금규정을 추가해야 한다. 법인 청산을 앞두고 임원퇴직금을 과다하게 지급하기 위해 퇴직직전에 급여를 무리하게 인상하는 경우가 있는데, 지나치게 과다한 인상은 국세청에서 부당행위로 볼 수 있기 때문에 조심해야 하며 미리미리 준비하고 설계하는 것이 안전하다.

셋째, 퇴직금을 지급받은 임원이 실제로 퇴사해야 한다. 퇴직을 하지 않은 상태에서 미리 가져가는 퇴직금은 세법상 가지급금으로 본다. 가끔 대표의 가지급금을 정리하기 위한 자금을 제공하기 위해 퇴직금을 미리 지급하는 경우가 있는데 세법에서는 이를 허용하지 않는다. 심지어 퇴사했다가 연봉제나 계약제로 재입사하는 것도 인정하지 않는다.

법인의 자금에 여유가 있다면 임원 명의의 퇴직연금계좌, 즉 확정기여(DC)형 연금계좌를 개설해서 매년 연봉의 2/12에 해당하는 금액을 넣어도 된다. 일반근로자의 경우 연봉의 1/12이지만, 임원의 경우 정관에 정해 두면 2배까지 지급할 수 있기 때문이다. 연금계좌에 넣어준 돈은 경비처리가 가능하므로 퇴직금비용을 매년 미리 경비로 인정받는 효과가 생긴다. 연금제도에 처음으로 가입하는 경우 지나간 과거기간에 대한 퇴직급여도 가입 1년전의 연봉을 기준으로 소급해서 지급할 수 있다. 게다가 법인이 내준 금액 외에 본인이 추가로 납입하면 연간 900만 원까지 납입액의 15%(연봉 5,500만 원 초과자는 12%)에 해당하는 금액을 근로소득세에서 공제받을 수도 있다.

03

연금에도 세금과
건강보험료가 붙는다

☑ 국민연금과 개인연금에 대한 세금차이

은퇴 이후 연금으로 생활하기 위해 번 돈의 일부를 연금으로 납입하고 이후에 연금을 받을 때, 받은 연금을 **연금소득**이라고 한다. 연금소득은 연금수령액에서 세법에서 정한 일정금액을 차감(연금소득공제라고 한다)한 것인데, 이에 대해서 소득세를 내야 한다.

어떤 사람들은 "은퇴이후 노후생활비에 대해 왜 세금을 걷어가느냐?"라고 불만을 토로하지만 연금을 납입할 때 납입금액에 대해 소득공제와 세액공제를 받았기 때문에 과세하는 것이다. 국민연금 납입액에 대해서는 전액을 소득공제해주고 개인연금저축액에 대해서는 12% 또는 15%를 세액공제해주는데 그 대신 나중에 연금을 받을 때에는 연금수령액중 소득공제와 세액공제 받은 금액에 대해 연금소득으로 세금을 내야 한다.

다만, 국민연금은 전액 종합소득에 들어가지만 개인연금은 연간 연금수령액이 1,500만 원(월 125만 원) 이내일 경우 금융회사가 연령에 따라 3~5%를 원천징수하는 것으로 마무리한다. 즉, 종합소득에 합산되지 않으므로 세금부담이 높지 않다.

한편, 종합소득에 대해서는 건강보험료가 부과되므로 국민연금 등 공적연금(공무원·사학·군인연금)은 건강보험료 부과대상소득에 포함된다. 다행히 현재는 연금소득금액(연금수령액에서 연금소득공제를 차감한 것)의 50%만 건강보험료 부과대상이지만, 앞으로 적용비율이 더 높아질 가능성도 있다(2022년 11월부터 30%에서 50%로 높아진 것임). 그러나 연금저축의 경우 연간 1,500만 원 이내라면 종합소득에 포함되지 않으므로 건강보험료 부과대상에서도 제외된다. 따라서 은퇴 이후 노후자금마련을 위해서 연금저축은 반드시 가입하되, 연금수령시 연간 1,500만 원을 초과하지 않도록 하는 것이 바람직하다.

이자소득과 배당소득을
관리안하면 세금과 건보료로
다 털린다

☑ 분산하고 또 분산하라!

개인이 받는 이자소득과 배당소득을 합쳐서 **금융소득**이라고 한
다. 이 두 가지 소득은 지급하는 금융회사나 법인이 개인에게 소득
을 지급할 때 반드시 지급액의 14%(지방소득세 1.4%를 포함하면 15.4%)를
원천징수한다. 그러나 개인이 벌어들인 금융소득이 1년에 2,000만
원(소득세를 원천징수하기 전의 금액을 기준으로 한다)을 초과하면 종합소득
에 합산하는데, 이를 **금융소득종합과세**라고 한다.

이때 다른 종합소득이 없는 경우에는 큰 영향이 없으나 사업소
득이나 부동산임대소득 등 다른 소득이 있는 경우에는 금융소득의
합산으로 종합소득이 늘어나고 이에 따라 더 높은 세율을 적용받아

소득세 부담이 급증한다. 게다가 종합소득에 부과되는 건강보험료 부담까지 포함하면 소득의 상당부분이 세금 등으로 다시 나가는 어이없는 상황에 직면한다. 이때 건강보험료는 개인별로 금융소득이 연간 1,000만 원을 초과하는 경우 전체 금액에 대해 부과된다. 특히 노후에 안정적인 자금을 확보하기 위해 배당주에 투자해서 연간 배당금이 수천만 원에 달해도 세금과 건강보험료로 인해 실제 소득이 대폭 축소되는 경우가 많다.

다행히 소득세는 개인별로 과세되는 것이므로 이자와 배당소득의 원천인 예금·주식 등 금융자산을 한 사람의 명의로 가지고 있는 것보다 여러 명이 분산소유하면 이런 문제점을 완화할 수 있다. 배우자와 자녀 등 가족간에 금융자산을 최대한 분산하는 것만이 소득세와 건강보험료 폭탄을 피할 수 있는 유일한 방법이다. 더불어 이자소득의 경우에는 만기시점에 금융회사로부터 이자를 받은 날에 소득이 발생한 것으로 보므로 만기를 특정연도에 집중되지 않게 적절히 분산하는 것도 도움이 된다.

05

증여는 언제부터
시작해야 할까?

☑ 미리미리 설계하고 준비해야 하는 이유

사업을 정리할 시기가 되면 본인의 재산도 어떻게 정리할지 서서히 고민해봐야 한다. 재산정리에서 가장 1순위는 나를 위한 정리, 즉 은퇴자금 확보다. 나를 위해 정리하고도 남는 재산이 있다면 이는 자녀와 배우자에게 정리해야 하는데 이를 **재산이전**이라고 한다.

재산을 이전하는 방법에는 상속과 증여가 있는데, **상속**이 사망과 함께 비자발적으로 이루어지는 재산이전이라면 **증여**는 살아 있을 때 스스로 자발적으로 실행하는 재산이전이다.

대부분의 사람들은 상속을 아주 먼 훗날의 일이라고 생각하거나 자신과는 전혀 상관없는 일로 여긴다. 이는 자신이 지금은 건강하기 때문에 상속은 먼 훗날 일어날 일이라는 생각과 함께 상속·증여는 물려줄 재산이 매우 많은 일부 부유층에게만 해당된다는 단순한 생각 때문이다.

하지만 이 세상에서 누구나 피할 수 없는 것이 죽음과 세금이라는 말이 있듯이 누구나 죽음을 맞이하게 되고 현재 세법상으로는 상속개시(사망) 당시 유산총액이 10억 원이 넘는다면 누구나 예외없이 상속세를 내야만 한다. 게다가 최근 화폐가치하락으로 인한 부동산가격의 상승으로 이제 웬만한 사람은 누구나 사후에 상속세를 내야하는 상황에 처했다. 하지만 그런 상황이 닥쳤을 때 이를 미리 준비한 경우와 그렇지 않은 경우에는 매우 큰 차이가 있다.

돈은 벌기보다 굴리기가 더 어렵다는 말이 있지만, 힘들게 잘 굴려서 애써 모은 재산을 쓰는 것은 더더욱 어렵다. 하지만 내가 살아있을때 내 "자산"이지, 죽고 나면 모두 다 "유산"이 되고 마는 것이며, 이를 상속인들에게 불만없이 물려주는 것도 중요한 일이다.

유산의 많고 적음과는 아무 상관없이 재산분배를 둘러싼 유가족간의 갈등과 분쟁이 매우 심각하다가 결국은 법정싸움으로 가는 경우를 주위에서 많이 볼 수 있다. 실제로 법원의 **유류분청구소송**은 매년 급증하고 있다. 이런 가족간 분쟁의 책임은 1차적으로는 당사자인 상속인들에게 있지만, 사망전에 유산분배를 미리 합리적으로 조정해두지 못한 피상속인(돌아가신 고인)에게도 책임이 있다. 흔히 말하는 상속계획은 단순한 세금절세의 차원이 아니라 이런 이유에서 더더욱 필요하다.

상속인의 상속권을 보호하기 위해 피상속인이 법정상속인이 아닌 사람에게 상속하거나 특정 상속인에게 상속을 하지 않거나 또는 적게 상속하는 경우 상속인의 청구에 의해 민법에서 정한 일정 금액(배우자와 직계비속은 법정지분의 1/2이며 직계존속과 형제자매는 1/3)을 상속받을 수 있도록 한 제도를 말한다. 유류 분청구는 상속개시일부터 10년 이내에 해야 한다.

☑ 상속과 증여, 어느 것이 더 유리할까?

세법에서는 상속과 증여를 재산이전이라는 면에서 본질적으로 같은 것으로 보기 때문에 상속이나 증여 모두 같은 세율(최저 10%에서 최고 50%)을 적용한다. 두 방법 중 어느 것이 더 유리한지는 재산의 규모에 따라 다르다. 일반적으로 증여가 더 유리하다고 하는 것은 다음과 같은 이유 때문이다.

첫째, 상속은 일생동안 한 번만 가능하지만 증여는 여러 번에 걸쳐 가능하므로 여러 번의 분산을 통한 절세가 가능하다.

둘째, 상속세는 유산총액에 대해 과세되므로 적용세율이 높은 반면, 증여는 증여건별로, 증여받은 수증자별로 개별적으로 과세되기 때문에 보다 낮은 세율이 적용된다. 단, 낮은 세율 적용에 따른 증여의 메리트(장점)는 적용세율이 20%를 초과하면 큰 효과가 없으므로 가급적 1회 증여재산이 과세표준 기준으로 10%의 세율을 적용받는 1억 원을 넘지 않는 것이 바람직하며, 설령 증여할 재산이 많다고 하더라도 한 번에 최대 5억 원을 넘지 않는 것이 좋다. 5억 원이 넘어가면 30%의 세율이 적용되어 저율과세의 장점이 사라지기 때문이다.

셋째, 시간이 지날수록 장기적으로는 인플레이션에 따라 부동산 등 재산가치가 상승하기 마련인데 일단 증여세를 신고·납부하면 증여 이후의 재산가치 증가분에 대해서는 추가로 증여세가 과세되지 않는다.

그러나 항상 증여가 상속보다 유리한 것은 아니다. 이와 같은 장점이 있는 반면에 증여는 상속에 비해 증여재산에서 공제되는 금액이 훨씬 더 적다. 증여받는 사람이 배우자일 경우 6억 원, 성년자녀일 경우 5,000만 원, 미성년자녀일 경우 2,000만 원을 증여재산에서 각각 공제받을 수 있다. 이 금액은 10년동안 가능한 금액인데다, 현재의 물가수준을 감안하면 턱없이 적은 금액이라는 지적이 적지 않다. 다행히 최근에 **혼인·출산증여재산공제** 제도가 새로 도입됐다. 부모 등 직계존속이 자녀에게 증여할 경우 기존의 증여재산공제(성년자녀는 5,000만 원)와 별도로 1억 원을 추가로 공제해주는 제도다. 단, 증여자는 국내에 거주하는 직계존속(부모나 조부모 모두 가능하지만 장인·장모나 시부모는 직계가 아니므로 불가능하다)이어야 하고 혼인과 출산 중 중복은 안되며 한 번만 공제가 가능하다.

결국 기존의 증여재산공제 5,000만 원과 합하면 결혼하는 성인 자녀의 경우 1인당 1억 5,000만 원을 세금없이 증여할 수 있다. 그런데 결혼은 두 사람이 하는 것이므로 남녀 모두 각자 자기부모로부터 증여받는다면 각각 1억 5,000만 원씩 모두 3억 원의 증여가 동시에 가능하다. 증여는 혼인일을 전후로 2년, 즉 4년 이내(출산은 출산일 이후 2년 이내)에 실행하고 혼인증명서 등 관련 증빙을 제출하면 된다.

결혼과 함께 주택을 구입하더라도 소득이 없거나 적을 때는 자금출처를 제시하기 어려운 경우가 많았는데, 이를 통해 떳떳하게 자금출처를 제시하고 주택을 구입할 수 있다. 양가의 부모로부터 증여받은 자금 3억 원에 은행대출금이나 전세보증금을 포함하면 자금출처를 좀 더 쉽게 소명할 수 있을 것으로 생각된다.

한편, 증여재산 공제액이 적은 것과는 반대로 상속은 상속재산에서 공제되는 금액이 매우 크다. 배우자가 생존해 있다면 공제금액이 최소 10억 원이므로 상속재산이 10억 원이 안될 경우에는 상속세가 아예 나오지 않는다. 이런 경우라면 굳이 절세목적으로 재산증여를 미리 할 필요는 없을 것이다. 따라서 절세목적에서 증여가 상속보다 유리하려면 최소한 상속세가 과세될 정도의 재산규모(10억 원)는 넘어야 한다.

다만, 배우자가 없는 경우에는 공제금액이 5억 원이므로 이때에는 상속재산이 5억 원만 넘어도 상속세를 내야 한다. 사실 지금의 공제금액 10억 원이 정해진 25년 전만 하더라도 10억 원은 매우 큰 돈(당시에는 부자의 기준이 10억 원이었으나 지금은 최소 50억 원이라고 한다)이어서 상속세는 부유층의 세금이었으나 지금은 자가주택을 보유한 대부분의 경우 상속세 대상이라고 생각해야 한다.

상속과 증여의 이와 같은 차이점과 관계없이 어쨌든, 재산이전은 최대한 빠를수록 유리하다. 시간이 지날수록 재산가치는 증가할 수밖에 없고 이에 따라 이전비용도 늘어나기 마련이기 때문이다. 또한 세법에서는 증여받은 수증자별로 과거 10년간 증여받은 재산을 합산하여 과세하는데다, 증여재산공제도 10년마다 다시 받을 수 있기 때문에 미리 증여하지 않으면 증여재산공제를 반복해서 받기 어렵다.

예를 들어, 현재 배우자에 대한 증여재산공제액이 6억 원이므로 40세에 배우자에게 6억 원의 재산을 증여한 사람은 50세와 60세, 70세에 각각 6억 원의 재산을 증여세 부담 없이 반복적으로 증여할 수 있다. 각각의 증여 건별로는 배우자에 대한 증여재산공제 6억 원을 차감하면 증여세가 전혀 부과되지 않는다. 아울러 각각의 증여는 10년이 지나고 나서 재증여된 것이므로 합산과세하지도 않는다.

결국 네 번에 걸친 사전증여를 통해 24억 원의 재산이 아무런 세금부담 없이 배우자에게 미리 이전되어 훗날 상속세 부담을 그만큼 줄일 수 있게 된다(단, 재산이전과 명의변경에 따른 취득세는 별도로 부담해야 하므로 부동산이든 금융자산이든 재산을 취득할 때부터 아예 반반으로 나누어 소유하는 것이 가장 바람직하다).

☑ 증여는 일방적인 사랑, 사랑이 식기 전에 증여해야 한다

증여는 재산상속을 미리 하는 것이므로 재산이전에 대한 증여자의 의지가 절대적으로 필요하다. 증여가 아무리 유리하다고 해도 증여자가 상속인들에게 재산을 미리 나눠주고 싶은 생각이 없다면 증여는 불가능하기 때문이다.

즉, 아무리 증여가 유리하고 절세가 된다고 해도 증여자의 증여의지가 없다면 증여가 실행되기는 매우 어렵다. 그래서 증여를 "사랑"이라고 정의한다. 증여는 배우자에게든 자녀에게든 반대급부를 기대하지 않고 일방적으로 주는 것이지, 절대 반대급부를 기대하거나 주고받는 거래라고 생각한다면 증여 실행은 그만큼 어려워진다.

증여를 실행할 때 가장 중요한 판단요소는 증여시기, 즉 타이밍이다. 일반적으로 증여는 빠를수록 좋다고 하지만 너무 일러도, 너무 늦어도 안 된다. 앞으로는 본격적인 초고령시대와 증세를 맞이하여 죽음에 따른 상속보다는 미리 상속하는 증여가 재산이전의 대세가 될 것이다. 증여가 상속에 비해 세금부담이 적기 때문이기도 하지만, 지금의 자녀세대는 스스로 경제적 독립기반을 마련하기가 매우 어렵기 때문이다. 직장을 구해 사회에 첫 출발을 하는 시기는 더 늦어지고, 결혼에 따른 주거마련비용도 만만치 않다. 게다가 퇴직시기는 더욱 더 앞당겨지고 있으며 앞으로는 세금은 물론 국민연금이나 건강보험료 등 노년부양비도 엄청나게 늘어나서 가처분소득은 줄어들 수밖에 없다.

결국 부모의 경제적 능력과 지원이 자녀의 미래 경제적 수준과 삶의 질을 결정하는 큰 요인이 될 가능성이 높다. 물론 자녀에 대한 재산증여가 꼭 바람직한 것만은 아니다. 하지만 아주 거액은 아니더라도 어느 정도의 재산을 부모로부터 받아서 시작하는 경우와 맨손으로 시작하는 경우 10년 후, 20년 후의 차이는 엄청나게 벌어진다. 그리고 이런 사전증여는 언제, 누구에게, 얼마를, 어떤 방법으로 실행할 것인지 미리 정교하게 계획을 세워야 한다.

첫째, 증여는 훗날 재산상속을 받을 상속인 모두에게 골고루 나누어 증여하는 것이 좋다. 하나의 재산일지라도 상속인 공동명의로 증여하면 수증자 각자 증여재산공제를 받을 수 있는 데다, 과세표준 또한 분산되어 더 낮은 세율을 적용받기 때문에 절세효과를 더욱 극대화할 수 있다.

예를 들어, 시가 6억 원의 부동산을 한 자녀에게만 증여할 경우에는 증여세가 1억 185만 원이지만, 성년인 3자녀에게 공동으로 증여등기를 하면 각자 낼 증여세는 1,940만 원, 총 증여세는 5,820만 원으로 무려 4,365만 원이나 줄어든다.

둘째, 여러 번에 걸쳐 증여할수록 유리하지만, 세법에서는 동일인에게 10년 내에 재증여한 경우에는 전의 증여재산과 이번에 재증여한 재산을 합산하여 과세하고 있다. 따라서 **재증여의 합산과세**에 따라 높은 세율을 적용받지 않으려면 증여 후 최소한 10년이 지난 다음에 다시 증여해야 한다.

이 경우 재증여의 합산과세는 증여자와 수증자가 모두 같은 사람(단, 증여자가 부모일 경우 부모는 같은 사람으로 본다)인 경우에만 적용한다. 따라서 굳이 10년 이내에 재증여가 필요하다면 증여자를 달리하는 것이 유리하다.

셋째, 증여를 빨리해야 하는 이유는 10년마다 재증여를 위한 기간을 다시 확보하기 위함도 있지만 상속세와 증여세는 세금부과의 제척기간이 15년으로서 다른 세금보다 길기 때문이다. 즉, 신고하지 않은 증여재산이 나중에 드러난 경우 증여세 신고기한(증여일후 3개월)으로부터 15년이 지나지 않았다면 증여세를 부과당할 수 있다. 결국 증여일로부터 15년 3개월이 지나야 그 이후 증여사실이 드러나더라도 이미 제척기간이 경과해서 세금부과권이 소멸되는 것이므로 서둘러서 미리 증여하는 것이 안전하다.

06

법인주식을 상속하거나 증여하면
세금을 얼마나 낼까?

☑ 비상장주식, 이렇게 평가한다

대표자가 은퇴를 앞두고 법인주식을 증여하거나 불의의 사고 등으로 상속할 때에는 증여받은 사람과 상속인에게 각각 증여세와 상속세가 과세된다. 그런데 비상장주식은 상장주식과 달리 시가가 존재하지 않으므로 해당 법인의 주식가치를 어떻게 산정할지 문제가 된다.

세법에서는 비상장주식에 대해 **순손익가치**와 **순자산가치**를 각각 3과 2의 비율로 가중평균해서 기업가치를 평가한다. 먼저, 순손익이란 법인세신고서상 매년도 소득금액에서 법인세를 차감한 금액으로서 최근 3년 동안의 순손익을 가중평균(평가기준일로부터 1년 전의 순손익에는 3, 2년 전의 순손익에는 2, 3년 전의 순손익에는 1의 가중치를 곱해서 더한 금액을 6으로 나눈 것)한 것을 말한다. 이를 기업가치로 환산할 때에는 세법상 정해진 할인율인 10%로 나누면 된다. 예를 들어, A법인의 최근 3년전부터의 순손익이 각각 5억 원, 5억 원, 3억 원이라면 3년간의 가중평균액은 4억 원(= {(5억 원 × 1) + (5억 원 × 2) + (3억 원 × 3)} ÷ 6)이고 이를 기업가치로 환산하면 40억 원(= 4억 원 ÷ 10%)이 되는 셈이다.

단, 상속·증여세 신고기한 이내에 청산절차가 진행중인 법인, 사업개시전의 법인, 사업개시 후 3년 미만인 법인과 휴·폐업중에 있는 법인, 자산총액 중 부동산비중이 80% 이상인 법인의 주식은 순자산가치로만 평가한다.

순자산가치는 해당 법인의 자산총액에서 부채총액을 차감한 것인데, 자산은 장부상 금액이 아닌 시가로 평가한다. 시가가 불분명한 경우에는 공시가격 등 보충적 방법에 의한 평가액과 장부가액 중 큰 금액으로 평가한다.

이렇게 순손익가치와 순자산가치가 평가되었으면 이를 60%와 40%의 비율로 가중평균한 것이 해당 기업의 최종가치가 된다. 앞서 나온 A법인의 순자산가치가 50억 원이라고 가정하면 A법인의 최종적인 기업가치는 44억 원(= (40억 원 × 60%) + (50억 원 × 40%))이 된다. 만약 A법인의 발행주식수가 1만 주라면 주당 가치는 44만 원이 되므로 상속·증여받은 주식수에 44만 원을 곱한 것이 과세표준이 된다.

이때 최대주주가 보유한 주식에 대해서는 평가액에 20%를 할증하는 제도가 있지만 중소기업의 경우에는 이를 적용하지 않는다.

비상장주식의 평가기준을 보면 최근 3년간의 순손익이 매우 중요하다는 점과 재산이전을 앞두고 법인의 이익을 하향조정하면 절세할 수 있는 여지가 있음을 알 수 있다. 그래서 순손익가치가 너무 적어서 최종적인 평가액이 순자산가치의 80%에 미달하는 경우에는 순자산가치의 80%로만 평가한다. 즉, 주식가치를 아무리 낮게 평가해도 순자산가치의 80% 이상은 돼야 한다는 뜻이다.

결국 회사의 내부유보금, 즉 이익잉여금이 계속적으로 쌓이면 순자산가치가 상승하고 상속·증여과정에서 세금폭탄을 맞게 되므로 해마다 적정수준의 배당을 통해 유출시키는 전략이 필요하다.

| 비상장기업이 주식평가 기준에 절세법이 숨어있다 |

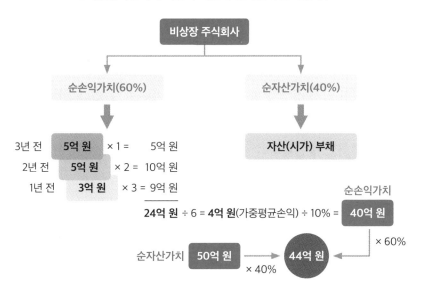

07

법인주식을 양도하면
양도소득세를 신고해야 한다

☑ 자녀에게 싸게 팔았다간 큰일난다

증여세를 피하기 위해 법인 대표가 보유한 주식을 자녀에게 싸게 파는 경우가 있다. 비상장주식의 경우 시장에서 거래되는 가격은 없지만 앞서 설명한 방식으로 시가를 계산할 수 있다. 만약 시가가 44만 원인 주식 3,000주를 특수관계인에게 주당 30만 원에 양도한다면 이를 부당행위로 보고 세법에서는 그 거래가액을 인정하지 않는다.

이렇게 저가에 양도할 경우 부당행위로 보는 기준은 시가와 거래가의 차액이 3억 원 이상이거나 시가의 5%를 초과하는 경우다. 사례의 경우 시가와 거래가의 차액은 주당 14만 원으로 총 4억

2,000만 원(= 13억 2,000만 원 - 9억 원)인데, 차액이 3억 원 이상인데다 시가의 31.8%에 해당하므로 부당행위에 해당한다.

이런 경우 세법에서는 당사자간의 거래금액인 30만 원을 무시하고 양도가액을 시가인 주당 44만 원으로 보고 양도차익를 계산한 후, 과소납부한 양도소득세를 추징한다.

아울러 매수자인 자녀에게도 저가매수에 따른 이익상당액을 증여받은 것으로 보고 증여세를 매기는데, 이 경우에는 시가와 거래가의 차액이 3억 원 이상이거나 시가의 30% 이상인 경우 증여로 간주한다. 사례의 경우 두 가지 요건에 모두 해당하므로 증여로 간주되는데, 다행히 증여이익을 계산할 때에는 차액에서 3억 원과 시가의 30% 중 적은 금액을 차감해준다. 결국 1억 2,000만 원(= 4억 2,000만 원 - 3억 원)에 대한 증여세를 내야 한다.

그러므로 법인의 지분을 자녀에게 양도할 때는 법인의 주식가치를 미리 따져보고 가치평가액이 낮은 시점에 적정한 금액으로 양도하는 것이 최선이다. 사례의 경우 양도소득세는 시가의 95%인 41만 8,000만 원, 증여세는 시가에서 3억 원(주당 10만 원)을 차감한 34만 원이 임계치이므로 두 가지에 모두 해당되지 않기 위해서는 41만 8,000원 이상으로 거래하는 것이 안전하다. 만약 증여세 과세만 피하고자 한다면 34만 원 이상으로 거래하면 된다.

| 자녀 등 특수관계인에게 법인주식을 저가로 양도할 경우 세무리스크 |

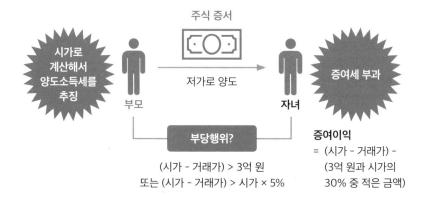

주식 증서

시가로
계산해서
양도소득세를
추징

부모

저가로 양도

자녀

증여세 부과

부당행위?

증여이익
= (시가 - 거래가) -
   (3억 원과 시가의
   30% 중 적은 금액)

(시가 - 거래가) > 3억 원
또는 (시가 - 거래가) > 시가 × 5%